KB240137

기회

꿈이 있는 당신께 드리는 선물

신 혁 지음

중앙경제평론사

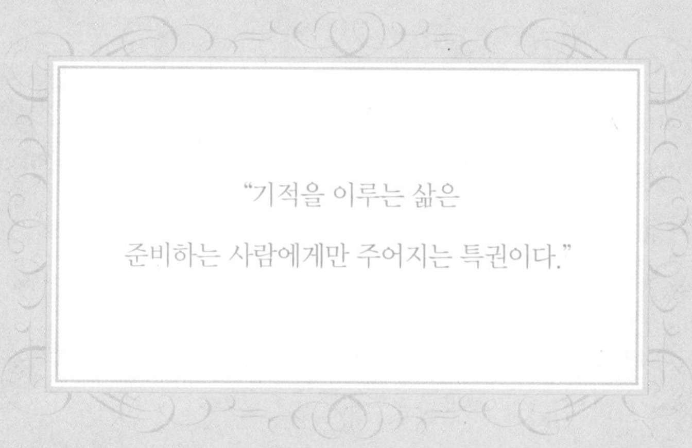

"기적을 이루는 삶은

준비하는 사람에게만 주어지는 특권이다."

준비된 행복을 위한 시작, 기회

이 세상을 살면서 가장 불행한 사람이 누구냐고 묻는다면 필자는 두 번 생각할 것 없이 바로 "꿈이 없는 사람"이라고 대답할 것이다. 그럼 가장 행복한 사람이 누구냐고 묻는다면 "생각만 해도 가슴이 벅차오르는 꿈을 지니고 있고 이를 이루기 위해 의지와 열정을 가지고 밤낮을 잊고 행동하는 사람"이라고 대답할 것이다.

주변에 필자가 말한 가장 행복한 사람의 조건을 갖춘 사람이 몇이나 있을까? 하루하루 살기 바쁘고 미래를 꿈꿀 여유도 없이 늘 바쁘게 뒤만 쫓아다니는 것이 우리 삶이지 않은가.

사람들이 추구하는 행복은 그저 동경한다고 주어지는 것이 아니라 아주 정교한 단계를 거쳐야만 온다. 이것을 두 단어로 표현하면 '행복 시스

템'이라고 할 수 있다.

이 책에서는 좀더 행복해지기 위해서 불씨 같은 기회를 잡아 자기 스스로 삶을 끊임없이 업그레이드할 수 있는 기회의 다섯 단계를 설명했다. 각 단계를 지날 때마다 무엇부터 어떻게 변화해야 할지 그리고 변화를 통해 어떤 기회가 올지 간접경험할 수 있게 구성하였다. 기회를 통해 진정한 행복을 찾는 과정은 이 책의 주인공 상현과 성주를 만나면서 충분히 공감하게 될 것이다.

행복이나 행운은 쉽게 찾아오지 않는다. "난 왜 이렇게 운이 없어"라고 자신 또는 남에게 말하지만 실제 그 사람의 내면에서는 "넌 왜 이렇게 노력도 하지 않고 바라기만 해? 그리고 왜 이렇게 불평만 하고 사니?"라고 말하고 있을 것이다.

세상은 공평하다. 세상이 공평하지 않다고 느낀다면 우선 세상이 공평하다는 것을 가슴으로 느껴야 한다. "난 운이 없어, 난 재수가 없어, 난 돈이 없어, 난 물려받은 재산이 없어"라고 말하는 사람을 보면 그저 안타까울 따름이다.

그 사람들이 투덜거리는 그 말이 바로 그를 운도 없고 재수도 없고 돈도 없게 만들어버린다는 이치를 모르고 한없이 자학하며 빨리 망가지라고 채찍질하듯 투덜거리며 살고 있다.

이 책에 나오는 주인공도 엄청나게 꼬인 자신의 인생을 운명처럼 받아들이며 꿈이 없이 살았지만 가르침을 통해 자신의 현재 삶을 뛰어넘는 기회를 얻게 되고, 결국 기적적인 삶의 기회는 준비하고 노력하는 사람에게만 찾아오는 특별한 권리라는 것을 깨닫게 된다. 누구든지 방법을 알고 그대로 하다보면 100%는 아니어도 반 이상 따라갈 수 있다고 한다.

여러분도 이 책에 나오는 대로 삶의 태도를 바꾸면 틀림없이 성공하고 행복해질 것이다. 이 책에는 막연하게 '잘해야 한다'가 아니라 '어떻게 잘해야 한다'는 것을 누구나 쉽게 이해하고 실천할 수 있도록 방법을 제시했다.

성공적인 삶의 원칙을 하나씩 배워 나가면서 변화하고 성공하는 모습을 스스로 발견하기 바라며 삶의 열정이 시든 모든 사람에게 꿈과 희망을 줄 수 있는 책이 되기 바란다.

끝으로 책이 출판되기까지 도와주신 중앙경제평론사 관계자, 특히 원고 선정부터 끝까지 도움을 주신 박기현 팀장님께 감사 인사 드린다. 아울러 이 책은 고향에 계신 어머니 전순덕 여사에게 바친다. 그동안 투병하면서도 꿋꿋이 건강하게 살아오신 의지와 열정에 대한 보답의 선물로 말이다. 10년 넘게 암 투병을 하고 계신 어머니는 당신이 암이라는 생각조차 하지 않고 늘 명랑하게 지내신다. 빡빡 머리 어머니를 보면서 인생에서 가장 중요한 것은 사랑이고, 가장 기초가 되는 것은 건강이며, 더 행복한 삶을 살려면 불타는 꿈과 열정이 있어야 한다는 것을 배웠다.

신혁

찾기

악순환의 연속고리

거실에서 들리는 소리에 잠을 깨서 시계를 보니 6시 30분을 가리키고 있다. 오늘은 평소보다 30분 정도 일찍 엄마가 애들 깨우는 소리, 무언가를 도마에 놓고 열심히 써는 소리, 찌개 끓이는 소리가 성주의 예민한 귀를 자극하여 잠을 깨운다. 그래도 아직 두 시간 정도는 더 잘 여유가 있는 것이 큰 행운이라도 되는 듯한 기분으로 다시 눈을 감아보지만 머리를 짓누르는 답답함 때문에 성주는 더 잠을 이루지 못한다. 8시 30분이다. 몸은 천근만근 무겁기만 하다. 아침 해가 떴으니 또 하루를 시작하는구나 하는 생각을 하며 몸을 일으켜 거실로 나왔다.

"엄마! 재훈이, 진호는 벌써 갔어? 일찍 나갔네."

"응. 진호는 오늘부터 보충수업인가 뭔가 시작해서 다른 때보다 일찍 나가야 한다고 갔다. 재훈이도 형이랑 같이 간다고 함께 나갔고."

"이제 아침에 애들 얼굴도 제대로 못 보네. 그나저나 엄마는 애들 때문에 힘들어서 어떻게 해?"

"늙어서 그런지 아침 잠이 없어 괜찮다. 뭐 좀 먹어야지?"

"밥맛이 없어요. 그냥 우유 한 잔 마시고 갈게요."

"어이구! 그렇게 안 먹고 나가서 어떻게 일한담. 너 설마 그 나이에 다이어트인가 무엇인가 하는 거 아니겠지? 혹시라도 그럴 생각이라면 아서라. 너같이 삐삐 마른 여자는 남자들도 싫어한다더라."

"엄마는!"

밥 안 먹겠다고 할 때마다 나오는 엄마의 잔소리이니 이제 그냥 그러려니 하고 한쪽 귀로 듣고 한쪽 귀로 흘린다. 지금 엄마 나이 여든두 살, 사고로 불구가 된 큰오빠와 막내딸 성주와 같이 사신 지도 20년이 다 되어간다. 이제 허리도 많이 굽으셨고 기력도 많이 떨어지셨지만 목소리만은 여전히 쩌렁쩌렁하다.

그래도 엄마가 옆에 있어서 얼마나 좋은지 모른다. 우선 돈 번답시고 늘 나가 있는 성주 대신 집안 살림을 다 해주신다. 특히 아침저녁으로 두 조카를 챙기니 고맙기만 하다. 조카인 진호와 재훈이는 성주에게 조카 이상의 존재다. 어렸을 때 엄마를 잃은 두 아이를 성주는 올케 언니를 대신하여 친엄마처럼 정성을 다해 키웠다.

성주는 어제저녁 고 3과 고 1인 조카들 간식을 챙겨주고 새벽 1시가 다 되어서야 잠자리에 들었다. 하지만 몸은 피곤한데 잠이 오지 않았다. 사고로 다리를 다쳐 휠체어를 타는 오빠 대신 가정 경제를 거의 책임 지고 있는 성주는 다음 날까지 필요한 돈이 얼마인지 계산하다 잠을 설치고 말았다.

"진호, 재훈이 학원비와 도서관비 48만 원, 거기에 관리비 30만 원, 카드대금 80만 원, 보험료 42만 원, 엄마 생활비 50만 원, 휴대전화 사용료 15만 원……."

이것저것 어림잡아 300만 원은 있어야 한다. 엊그제 본사에서 월 판매수수료를 받았지만 내일 당장 써야 할 곳에 다 밀어넣고 나면 통장에 달랑 10만 원 정도밖에 남지 않는다. 게다가 열흘 뒤에 매장 직원 월급을 주려면 110만 원이 필요한데 이번 달도 역시 마이너스다. 갈수록 돈 벌기는 점점 어려워지는데 쓰는 것은 정말 순식간이다.

작년까지만 해도 그럭저럭 마이너스는 아니었다. 하지만 올해는 유난히 경기가 좋지 않은 탓에 작년에 비해 수익이 30% 정도 줄어들었다. 벌써 천만 원짜리 마이너스 통장 한도를 채우려고 한다. 그럼 어떻게 하지? 이런저런 걱정을 하다 언제 잠이 들었는지 모른다.

성주는 간단히 화장하고 우유를 한 잔 마신 뒤 허겁지겁 출근길에 나섰다.

"너 그렇게 밥 안 먹고 다니다 탈난다. 어쩌려고 몸을 돌보지 않니?"

막 출근하는 성주의 뒤에 대고 엄마는 또 한번 잔소리를 했다.

성주가 다니는 백화점까지는 그렇게 먼 거리는 아니지만 걷는 것도 귀찮고 힘이 들어 택시를 탔다. 기본요금만 나오는 거리지만 시계를 보니 9시 30분이다.

"에이! 오늘도 늦었네!"

9시 30분에 하는 아침 조회에 또 늦었다. 엘리베이터를 타고 허겁지겁 가보니 모두 조회를 위해 모여 있다. 매니저는 매니저끼리, 점원은 점원끼리 한 줄로 쭉 서 있다. 그 가운데 담당과장인 서 과장이 있다.

"김성주 씨, 오늘도 지각입니까? 오늘은 왜 늦었어요?"

"과장님, 죄송합니다. 늦잠을 잤어요."

늦잠을 자서 늦었다는 말에 여기저기서 키득키득 웃는 소리가 났다.

"늦잠을 자서 늦을 수도 있지 왜 웃는 거야?"

성주는 나지막하지만 앙칼진 목소리로 웃는 애들을 째려 본 뒤 투덜거리며 자리에 가 섰다.

"누구라고 말하지는 않겠는데 조회시간에 매일 늦고 아침에 출근부에 열흘 동안 사인하지 않은 사람이 여기 있습니다. 지켜보겠습니다. 계속 이렇게 하면 곤란합니다."

분명히 성주를 두고 하는 말이다. 이상하게 새로 온 서 과장과는 부딪치는 일이 많다. 물론 성주가 최근에 지각하거나 잘못한 일도 있지만 공개석상에서 자꾸 성주를 빗대어 말하는 서 과장이 밉기만 하다.

간단하게 전달 사항을 듣고 구호를 외친 다음 각자 매장으로 갔다.

"오늘도 힘차게, 고객은 왕이다! 정성을 다하자. 파이팅!"

막내 점원과 매장을 걸어가는데 서 과장이 어깨를 툭 치며 성주를 불러 세웠다.

"김성주 씨, 10시 30분에 사무실로 올라오세요. 긴히 할 얘기가 있습니다. 이번에도 늦게 오면 안 돼."

간혹 반말 비슷하게 명령조로 말하는 서 과장이 영 마음에 들지 않았다. 거기에 말할 때마다 상대방 어깨를 쓰다듬는 손길에 당할 때마다 소름이 쫙 끼쳤다.

"네, 알겠습니다. 시간 맞추어 갈게요. 그런데 그냥 여기서 하면 안 되는 말인가요?"

"거 말끝마다 토 좀 달지 말고 오라면 좀 와요. 그러니 아직까지 시집도 못 가고 그러고 있지."

속에서 무언가 막 치밀어 올랐지만 혀를 살짝 깨물고 꾹 참았다.

"네, 알았어요."

뒤를 돌아 다시 매장으로 걸어가면서 성주는 혼잣말로 중얼거렸다.

"에이! 나쁜 놈. 재수 없어!"

10시에 아침 체조 음악이 나왔다. 이제는 체조도 귀찮고 하기 싫다. 매장 한쪽 구석에 앉아 본사에서 온 메일을 확인했다. 막내인 점원 영숙이는 입구에 서서 체조를 열심히 했다.

지금 맡고 있는 브랜드 이노스(INOS) 판매 실적이 올라오는 웹사이트에 접속하여 어제 실적을 살펴보았다. 이 브랜드는 전국 백화점에 매장이 48개 있는데 어제 성주는 55만 원어치를 팔아 42등을 기록했다. 1등과는 무려 500만 원이나 차이가 났다. 요 며칠 동안 거의 공치고 있다. 무엇이 문제인지 이제는 잘 모르겠다. 오늘이 6월 8일이니 오늘 빼고 7일 동안 전체 매출액이 채 300만 원이 되지 않는다. 7일간 누적 실적을 보니 더 참담하다. 전체에서 46등, 1등과는 무려 3,000만 원이나 차이가 났다. 과장이 보자고 하는 이유도 분명히 매출 때문일 것이다.

백화점의 여성복 매장은 백화점, 브랜드본사, 판매하는 매니저가 삼각편대로 구성되어 있다. 매출이 제대로 오르지 않으면 본사에서도 압박을 받지만 백화점의 압력 또한 만만치 않다.

위기의 예고

5층에 있는 사무실로 가니 서 과장이 자리에 앉아서 자판을 두드리며 무언가 하고 있었다.

"과장님! 저 왔어요."

"어, 그래. 회의실에 가 있어요. 바로 갈 테니."

성주는 회의실에 들어가 멍하니 앉아 있었다. 매출 부진에 대해 잔소리 듣는 것보다 성주는 사실 서 과장이라는 사람과 단둘이 마주 하는 자체가 싫다. 숱이 없어 무스를 잔뜩 발라 올백으로 넘긴 머리와 기름기가 번들거리는 이마를 보면 느끼하기 짝이 없다.

"기다리게 해서 미안합니다. 김 부장님이 최근 3개월간 숙녀복 코너 매출액을 브랜드별로 뽑아달라고 해서."

“무슨 일로 부르셨어요?”

“참나! 한두 해 같이 일한 것도 아닌데 척하면 탁 아닌가요?”

서 과장은 그러면서 성주 어깨를 쓱 쓰다듬었다. 성주는 움찔하며 몸을 뒤로 뺐다. 그런 성주를 보며 서 과장은 재미있다는 듯이 의자를 바싹 당겨 더 다가왔다.

“오늘까지 6월 이노스 매출액이 얼마인지 아시나요?”

성주는 매출 관련 질문에 큰 죄라도 지은 사람처럼 목소리가 점점 작아지는 것을 느끼면서 대답했다.

“300만 원 정도예요.”

“정확하게 말하면 292만 원입니다. 3층에 있는 매장 가운데 꼴찌예요. 꼴찌! 어떻게 다른 곳 하루 매출액도 안 되게 팔아놓고……. 그렇다고 근무 자세라도 좋나. 툭하면 지각이니 쯧쯧! 대체 이유가 뭐라고 생각해요. 말이나 좀 들어봅시다.”

서 과장이 다그쳤지만 딱히 이유가 생각나지 않았다. 성주는 고개를 숙이며 그래도 나름대로 판매부진에 대해 평소 생각한 것을 말했다.

“글쎄요. 일단 작년에 비해 백화점에 손님이 없어요. 손님이 있어야 팔죠. 그리고 제 브랜드 제품 디자인이 문제가 조금 있어요. 작년에 비해 디자인이 별로 신통치 않아요. 저희는 전형적인 30대를 타깃으로 하는데 디자인이 너무 영(Young)해져서 단골고객들이 입기 부담스럽다는 말을 많이 하세요. 그래서 실제로 선뜻 구매를 잘 하지 않고요.”

"그럼 이노스 본사에 디자인 문제에 대해 말했나요?"

"아니요, 아직! 말하려던 참이에요."

"그럼 매출을 올리기 위해 지금 하는 일이 대체 뭡니까? 아무것도 없잖아!"

서 과장이 날카로운 어조로 신경질적으로 쏘아붙였다.

"백화점에 한두 해 있던 사람도 아니고 나보다 백화점에 더 오래 있었으니 이쪽 생리를 잘 알죠?"

성주는 드디어 최후 통첩이 떨어질 거라는 것을 느꼈다.

"앞으로 말이죠. 3개월 주겠습니다. 3개월 후에 매출액이 예년 수준으로 회복되지 않으면 저로서는 둘 중 하나를 선택할 수밖에 없어요. 매장을 철수하든지 매니저를 바꾸든지……."

성주는 구차하게 붙잡고 사정하고 싶은 마음이 들지 않아 가만히 듣고만 있었다.

"김성주 씨! 돈 많이 벌었나 봐. 이런 말까지 나오면 다른 매니저들은 사정이라도 하고 정말로 다리라도 붙잡는데……. 그렇게 자신이 있다는 거야, 아니면 될 대로 되라는 거야?"

"아니에요. 이렇게 매출이 나오지 않으면 그 다음 수순이 무엇인지 왜 모르겠어요. 백화점이 어느 곳보다도 강한 자만이 살아남는 데라는 것을 잘 알아요. 매출을 올리지 못한 제가 잘못이죠."

어느 누구보다 이곳 생리를 잘 아는 성주로서는 여기서 사정해봤자

단지 그 기간을 1~2개월 늦추는 정도지 지금 이 상태로 가면 결국에는 나가야 한다는 것을 잘 알고 있다.

"과장님, 한 가지 부탁이 있어요."

"뭡니까?"

"백화점에서 추가 할인행사할 때 저희 브랜드도 할인권 좀 주세요. 작년에 김 과장님이 계실 때는 할인권이 매장별로 공평하게 돌아갔는데 요즘은 그렇지 않은 것 같아요. 저는 과장님 오시고 여태까지 한 번도 할인권을 받은 적이 없어요. 과장님도 잘 아시겠지만 저희 브랜드는 연중 노세일(No Sale)을 고수하고 있어요. 그래서 할인권이 있으면 판매를 촉진하는 데 어느 매장보다 촉매 역할을 할 수 있어요. 옷이 고가여서 10% 할인권이면 꽤 크거든요."

"그러면 나한테 할인권 달라고 한 번이라도 말했나요? 요청도 하지 않는 사람에게 한정된 할인권을 왜 주나요? 나한테 할인권 달라고 매달리고 사정하는 사람이 줄을 서 있는데."

"과장님! 할인권은 달라고 해야만 주는 것이 아니라고 생각해요. 제가 여태까지 백화점에서 일했지만 할인권은 돌아가면서 공평하게 나누어주었지 특정 브랜드에만 집중적으로 주는 일은 없었어요."

"아니! 그래서 지금 나한테 시비 거는 겁니까? 내가 할인권을 주지 않아서 매출이 부진하다는 건가요? 난 공평하게 했다고 생각합니다. 달라고 하지 않는 매장은 할인권이 필요 없는 걸로 간주합니다. 필요한

사람은 달라고 하면 되는 것이고. 그래서 나는 필요한 사람에게 주는 겁니다.”

참 이상한 논리라는 생각이 들었지만 매출을 올리기 위해 필요한 것이기에 성주는 자존심을 구기고 서 과장에게 말했다.

“그럼 저도 필요해요. 주시면 안 되나요?”

“글쎄요. 달란다고 다 주는 것은 아니죠. 어차피 양은 한정되어 있으니 명단에 올려놓고 앞으로 하는 것 봐서 생각해보죠.”

서 과장은 마치 조금 더 사정해야 줄 것 같은 눈빛으로 성주를 쳐다보았다. 성주는 혀를 살짝 깨물고 꾹 참았다.

“이봐요! 김성주 씨. 그러니 내게 너무 까칠하게 굴지 말아요. 좋은 게 좋은 거 아닌가요? 나 알고 보면 마음이 따뜻한 사람입니다.”

서 과장은 갑자기 친해지기라도 한 것처럼 어깨를 쓰다듬더니 팔 선을 타고 내려가다 중간에 멈추어 손에 힘을 주고 팔목을 살짝 누르면서 나지막이 말했다.

“그래도 성주 씨는 인물이라도 되니까 백화점에서 마스코트로 계속 데리고 있는 거야. 그렇지 않으면 진작에 퇴출되었을 거야. 내가 그렇게 많이 생각해주는데 아직도 모르나?”

팔목을 살짝 주무르던 손은 다시 어깨를 타고 이제 목덜미로 이동하면서 손에 힘을 주어 성주의 목에 힘을 가했다. 서 과장은 마치 복종이라도 하라는 듯이 목을 손으로 잡고 성주를 바라보았다.

23

성주는 여기서 이대로 가만히 있으면 안 되겠다는 생각이 들어 벌떡 일어나 치밀어 오르는 더러운 느낌을 참으며 서 과장에게 말했다.

"알았어요, 과장님! 석 달이라고 했죠! 그때까지 예년 매출액을 회복하지 못하면 깨끗이 나갈게요. 그리고 할인권은 필요 없어요. 그만 가 볼게요."

쏜살같이 내뱉는 성주를 보며 서 과장은 기가 막힌다는 표정으로 말했다.

"어, 그래요! 알았습니다. 지켜보죠."

서 과장은 느끼하던 말투에서 금세 사무적으로 바뀌면서 대꾸했다. 아무렇지도 않다는 듯이…….

성주는 아직 분이 삭지 않아 매장으로 가면서 중얼거렸다.

"나쁜 놈들, 벼룩의 간을 내먹고 사는 놈들! 내가 너 같은 놈들에게 호락호락 당할 줄 아니!"

15년 백화점 생활에 이번처럼 위기가 없었던 것은 아니다. 다만, 상황이 최악이라는 것이 문제다. 뚜렷한 판매촉진책도 생각나지 않았다. 게다가 제품 디자인도 좋지 않다. 아니 최악이다. 그리고 주변에 지원군이 아무도 없다.

씩씩거리며 매장으로 돌아온 성주를 보고 막내 영숙이 눈치를 살폈다. 시계는 11시 30분을 가리켰다. 휴대전화 진동이 느껴져 보니 점심을 같이 먹는 매장친구 순정이다.

“성주야! 지금 밥 먹으러 가자. 오늘도 서 과장에게 스트레스 많이 받았을 텐데 내가 스트레스 확 날릴 음식 사줄게 지금 먹자.”

“그게 뭔데!”

“스트레스 쌓일 때는 매운 음식이 최고야! 백화점 뒤편에 가서 선지해장국 먹자. 청양고추 듬뿍 넣어 맵게 해서 먹어봐. 최고야! 나 어제 술 한잔 했더니 얼큰한 것 먹고 싶다. 가자.”

“응, 그래. 1층에서 보자. 지금 내려갈게.”

우연과 필연 사이

1층으로 내려오는 길에 백화점 입구와 마주 하고 있는 행사장이 눈에 들어왔다. 며칠 전에 백화점 바로 옆에 생긴 스포츠센터 행사장이다. 백화점 직원들에게는 특별히 30% 할인된 가격에 판매한다는 조건으로 회원을 모집하고 있었다. 헬스클럽 프로그램을 한 달 이용할 수 있는 정기권이 15만 원인데 10만 원에 해준다는 것이다.

몸에 무언가 활력소가 필요하다는 생각을 하던 참이었다.

"그래! 재산이라고는 이 몸뿐인데 몸이라도 튼튼해야 더러운 놈들하고 싸워나가지!"

성주는 혼자 중얼거리며 통장에 남아 있는 10만 원을 행사장 옆에 있

는 현금인출기에서 빼내 헬스클럽으로 가 회원 가입을 했다.

곧 순정이 내려왔다. 순정은 성주가 행사장에서 뭔가 적는 것을 보았는지 궁금한 듯 물었다.

"성주야, 아까 저기에서 뭐 했어?"

"응! 운동 좀 하려고 등록하고 왔어. 백화점 직원에게는 30% 할인해 주더라. 너도 같이 하지 않을래?"

순정은 성주를 위아래로 쳐다보며 말했다.

"야! 너 뺄 살이 어디 있어서 운동한다고 그러니? 하여튼 예쁜 것들이 더 설치고 난리란 말이야. 예쁜 것들은 더 예뻐지고 나같이 못생긴 것들은 계속 못생겨지고. 아, 어차피 망가진 몸매인데 가꿔서 뭐 하니. 난 그냥 이대로 살련다."

"살 빼려고 그러는 게 아니야. 요즘 자꾸 힘이 없고 의욕도 없어 운동이라도 하면 좀 나아질까 해서 그런 거야."

"야! 농담이다. 그래, 잘했어. 너 요즘 정말 힘없어 보여."

순정은 정말 걱정스럽다는 듯이 성주를 쳐다보았다.

백화점 뒤편에 있는 해장국 집에는 사람이 많았다. 청양고추에 고추기름까지 듬뿍 넣어 먹으니 잠시나마 모든 스트레스가 확 날아가는 느낌이 들었다. 특히 좀전에 서 과장에게 당한 더러운 기억이 지워지는 느낌이 들었다.

저녁 8시, 매장 영업을 마칠 시간이다. 백화점 직원이 매장마다 마감하면서 매출액을 파악하러 왔다.

"에뜨림 얼마지?"

"삼백요."

"뷰티봉은?"

"사백이오."

직원은 이노스 매장으로 걸어오면서 똑같이 물었다.

"이노스 얼마지?"

"공쳤어요."

성주는 얼굴이 화끈거렸다. 정확하게 말하면 반품이 있었으니 마이너스 40이다. 빨리 매장에서 벗어나고 싶었다. 성주는 가방을 챙긴 뒤 영숙에게 마무리를 부탁하고 매장을 빠져나왔다.

백화점에서 나온 성주는 오늘 등록한 헬스클럽이 있는 스포츠센터로 향했다. 탈의실에서 헬스복으로 갈아입고 헬스클럽 안으로 들어갔다. 눈에 러닝머신이 들어왔다. 그리고 한쪽에서는 트레이너로 보이는 남자가 기구 쓰는 법을 가르치는 모습이 눈에 띄었다.

"그래, 가장 쉬운 러닝부터 하자."

성주는 혼자 중얼거리고 러닝머신에 올라가 속도를 조금씩 올리며 걷기 시작했다. 딱 2년 만에 헬스클럽에 다시 온 것 같다. 헬스클럽에 있는 모든 기구가 2년 전과는 비교할 수 없이 좋아 보였다. 속도를

6km에 맞추고 걷기 시작했다. 20분이 넘게 걷다 보니 땀이 나기 시작했다. 땀이 나니까 기분이 점점 좋아졌다.

그때 트레이너로 보이는 남자가 다가와 러닝머신 앞에서 말을 걸었다.

"안녕하세요? 트레이너 이상현입니다."

성주는 숨이 약간 차서 목 인사만 했다.

"오늘 처음 오신 것 같은데 아무리 러닝머신이라도 처음부터 무리하면 안 돼요. 너무 오래하지 마세요. 멋모르고 하다가 균형 감각을 잃을 수 있어요."

트레이너는 미소 지으며 성주에게 말을 건네고 다른 곳으로 갔다. 운동한 몸이라 그런지 뒷모습이 보기 좋다. 아직도 남자의 뒷모습에 시선이 가다니 웃음이 절로 나왔다.

"미쳤어! 철 좀 들어라."

성주는 혼잣말로 중얼거렸다.

러닝머신을 한 지 50분이 지났다. 오랜만에 이마에서 땀이 나와 뚝뚝 떨어졌다. 몸에 있는 노폐물이 밖으로 배출되는 것 같아 조금 힘이 들었지만 기분은 좋았다. 딱 1시간만 해야겠다고 생각하고 러닝머신 속도를 7에 세팅한 뒤 조금 더 빨리 걷기 시작했다.

땀이 더 났다. 조금 빠른 발걸음에 땀은 점점 성주의 몸을 타고 다니며 옷을 적셨다. 가슴과 등쪽이 물에 흠뻑 젖어드는 느낌이 들었다. 러닝을 시작한 지 1시간이 지났다. 성주는 그만하려고 러닝머신의 속도

를 늦췄다. 러닝머신에서 내려와 땀을 훔치며 마실 물을 찾기 위해 여기저기 두리번거리다 출입구 한쪽 구석에 있는 정수기를 발견하고 그쪽으로 발걸음을 옮겼다. 순간, 머리가 띵하고 땅이 솟아오르는 것 같은 느낌이 들면서 그대로 쓰러지고 말았다. 쓰러진 상태에서 점점 눈이 희미해지고 위에서 내려다보는 사람들의 얼굴이 하나 둘씩 늘어나는 것을 느끼며 정신을 잃었다.

꿈에서 돌아가신 올케 언니를 만났다. 올케 언니는 성주가 살던 고향과 비슷한 어느 바닷가 갯벌에서 소라를 캐다가 성주를 보더니 웃으면서 말없이 다가왔다. 언니는 광주리에 가득 담긴 소라를 아무 말 없이 성주에게 건네주며 잘 가라 손짓하고 다시 소라를 캐러 바다로 갔다. 언니는 젊을 때 모습 그대로 여전히 고운 자태를 빛내고 있었다.

올케 언니의 모습이 희미해지면서 심한 갈증을 느꼈다. 물 한 잔만 마시면 펄펄 날 것 같았다. 입이 텁텁해 성주는 억지로 눈을 떠보았다. 저편에 처음 보는 사람이 보였다. 자세히 보니 헬스클럽에서 보았던 트레이너다. 그 옆에는 매장 친구 순정도 있었다. 저편에서 둘이 무언가 얘기하고 있었다.

"순정아! 여기 어디야?"

"어! 깼네. 야! 계집애야. 사람 놀라게 하는 것도 적당히 해라. 괜찮니? 여기 병원이야. 너 쓰러진 것 기억 안 나니?"

"어! 그래, 생각 나. 첫날부터 무리했나 봐. 러닝하고 내려오는데 갑자기 세상이 뒤집히는 것 같으면서 정신을 놓은 것 같아."

"너 큰일 날 뻔했어. 주변에 사람들이 있어서 바로 병원에 왔으니 망정이지 혼자 있다가 쓰러졌으면 어쩌려고 그랬어."

"나, 괜찮아. 운동을 갑자기 심하게 해서 그런 거야."

"너, 의사선생님이 뭐라고 한 줄 아니? 기가 막혀 말도 안 나온다. 병명이 영양실조에 의한 저혈압이라고 한다. 야! 여기가 어디 아프리카 소말리아도 아니고 요즘도 영양실조로 쓰러지는 사람이 있니?"

친구의 핀잔에 옆에 있던 트레이너가 웃으면서 말했다.

"괜찮으세요? 운동하다가 갑자기 쓰러지셔서 깜짝 놀랐어요. 제가 첫날부터 너무 무리하게 러닝하지 말라고 했는데……. 아주 가끔 러닝 후 균형을 잃고 쓰러지는 분은 있는데 정신까지 놓은 분은 처음이에요. 그것도 알고 보니 영양실조라고 하니까 웃으면 안 되는데 자꾸만 웃음이 나네요."

트레이너는 고른 치아를 드러내면서 미소지었다.

"야! 너 상현 씨에게 고맙다고 해. 너 쓰러지자마자 업고 여기까지 뛰어오셨단다. 그것도 급해서 반바지에 러닝셔츠 차림으로 말이야. 의사선생님 말이 죽을 병은 아니지만 응급치료가 늦어지면 큰 사고가 날 수 있다고 하더라."

"아! 네, 감사합니다. 상현 씨라고 했나요? 성이 어떻게……."

"네. 이상현입니다. 고맙기는요. 누구라도 그런 상황이면 저처럼 했을 거예요. 그리고 부담 갖지 마세요. 워낙 가벼워서 업고 뛰어도 그냥 조깅하는 느낌이었어요. 건강에 신경 좀 쓰셔야겠어요."

"그런데 지금 몇 시예요?"

성주가 묻자 순정이 시계를 보면서 말했다.

"어머! 벌써 자정이 다 됐네. 네 엄마한테는 병원이라고 말 안 했어. 오늘 백화점 회식이 있어서 늦는다고 내가 전화했어."

"그래, 고마워."

"이 영양주사 다 들어가면 가도 된다고 했어. 조금 남았으니 이거 다 맞고 같이 나가자."

"아니야, 순정아! 너 먼저 가봐. 애 아빠가 기다리겠다. 너 늦게 다니는 거 싫어하잖아. 빨리 가봐."

"아이, 그 화상! 괜찮아. 오늘 회식이 있어서 늦는대. 빨리 와야 새벽 두 시다. 걱정하지 마."

순정이 남편을 화상이라고 하자 옆에 있던 트레이너가 픽 웃었다.

"저는 그럼 가보겠습니다. 고객님, 몸조리 잘하세요."

고객이라는 말에 옆에 있던 순정이 끼어들었다.

"아유! 상현 씨. 고객님이 뭐야! 여기가 백화점이야? 스포츠센터 손님에게도 평소에 고객님이라고 하세요?"

"아! 네. 그렇게 부르는 것이 편해요. 이름을 일일이 기억하기도 힘들

고. 그리고 우리 고객 맞잖아요.”

“그래도 다음에 우리 보거든 난 순정 씨라고 불러주고, 얘는 성주 씨라
고 불러주세요. 나이도 저희랑 동갑인데 친구처럼 대하면 좋잖아요.”

상현은 친구처럼 대하라는 순정의 말에 얼굴을 조금 붉히면서 대답
했다.

“고객님이라는 호칭이 한 번에 바뀌지는 않을 것 같지만 노력해볼게
요. 고, 객님, 아! 순정 씨.”

트레이너는 성주와 순정에게 가볍게 인사하고 나갔다.

“얘! 저 남자 정말 멋있지 않니? 난 네 소식 듣고 부리나케 여기 와서
너 쓰러져 있는 것 보고 놀라기도 했지만 네 옆에 있는 상현 씨 보고 더
놀랐다.”

순정은 성주 손을 자기 가슴에 대고 말했다.

“내 심장 뛰는 소리 들리지. 나 내일부터 당장 헬스클럽 다니련다. 지
겨운 그 화상 얼굴 대신 상현 씨 얼굴 한 번씩 보면 위로가 될 것 같아!”

성주는 철없이 들떠 말하는 순정을 보며 참 단순하고 순진하다는 생
각밖에 들지 않았다.

어제 영양주사를 맞아서 그런지 아침에 눈을 뜨니 아침 햇살이 유난
히 밝고 맑게 느껴졌다.

“참! 약발이 좋긴 좋구나. 기분이 다 상쾌하네.”

방 밖으로 나와 보니 엄마가 혼자 밥을 먹고 계셨다.

오랜만에 아침밥을 먹었다. 조금 까칠하긴 했지만 오늘 따라 밥맛이 고소했다. 아침식사를 마치고 오늘은 지각하면 안 되겠다는 생각에 집에서 조금 빨리 나섰다. 매장에 도착하니 9시 10분. 막내 영숙이가 벌써 나와서 오늘 들어온 물건을 정리하고 있었다.

"어머! 매니저님 일찍 나오셨네요?"

"어, 그래! 물건 많이 왔어. 참! 어제 주문한 진파랑 원피스 55사이즈 왔는지 모르겠다. 이거 물건이 다양하지 않으면 많이라도 만들든가. 참 답답해."

"매니저님, 본사 대리님에게서 전화 왔는데 그 사이즈 못 구하셨대요. 오늘 한번 더 수소문해본다고 하시던데……."

"그래? 일이 안 되려니 이것저것 다 꼬이네. 안양 송 선생이 저번에 구해놓으라고 했는데. 오늘 오시면 어쩌나. 참, 막내야! 빨리 정리하고 조회 가자. 매번 늦게 가서 또 찍히면 큰일난다."

평소답지 않게 일찍 출근해서 아침 조회에 신경 쓰는 매니저를 보고 영숙은 이상한지 머리를 갸우뚱했다.

오늘은 그럭저럭 매출이 올랐다. 송 선생이 와서 이것저것 사갔다. 비록 구해놓으란 옷은 없었지만 성주는 머리를 조금 썼다. 송 선생이 좋아할 만한 스타일로 마네킹을 세팅했더니 예상대로 송 선생은 마네

킹에 입힌 옷에 관심을 보였다. 때를 놓치지 않고 옷을 입어보게 해서 결국에는 마네킹이 입고 있는 옷을 팔았다. 블라우스 42만 원, 바지 35만 원 그리고 꽃레이스 원피스 65만 원…….

매번 느끼는 거지만 여자들이 비싼 옷을 손쉽게 사는 것을 보면 쇼핑할 때 여자들에게는 무서운 무언가 있는 것 같다. 한 달 월급의 반절이나 되는 금액의 옷을 덥석 사는 것을 볼 때 예쁜 옷을 보면 무언가에 홀려서 사게 된다는 말이 맞는 것 같다.

퇴근 시간이 다가왔다. 오늘도 어김없이 매출을 확인하는 목소리가 들렸다.

"에뜨림 얼마지?"

"이백십요."

"뷰티봉은?"

"이백사십."

"이노스 얼마지?

오늘은 기어 들어가는 목소리가 아니라 조금 자신 있게 대답했다.

"이백이십요."

"어! 웬일이세요."

매출을 적고 다니는 백화점 직원이 의아하다는 표정으로 물었다.

"이 정도야 기본이죠. 뭐!"

성주는 아무렇지도 않다는 듯 말하고 가방을 챙겼다.

기회를 잡기 위한 시작

백화점에서 나와 편의점에 가서 오렌지주스를 한 상자 샀다. 그리고 스포츠센터로 향했다. 오늘은 헬스복을 챙기지 않고 그냥 헬스클럽으로 갔다. 어제 일도 있고 해서 트레이너에게 고맙다는 인사만 하려는 것이다. 헬스클럽에 도착하여 트레이너를 찾기 위해 여기저기 살펴보았지만 보이지 않았다.

발걸음을 돌려 가려고 하는데 헬스클럽 입구에 있는 사무실에서 전화를 받고 있는 트레이너가 보였다. 노크를 하고 문을 열고 들어갔다. 목 인사만 건넨 트레이너가 통화를 끝낸 뒤 말했다.

"안녕하세요? 고객님. 아니, 성주 씨? 참 버릇이 되어 이름이 안 나오네요."

“편하게 부르세요, 상현 씨. 저는 이름을 부르는 것이 편하니 이름을 부를게요. 그렇다고 선생님이라고 하기도 뭐 하고. 참! 운동도 배우는 것이니까 선생님이라고 해야 하나?”

“선생님은 무슨. 그건 더 이상하네요. 그나저나 괜찮으세요?”

“네. 괜찮아요. 참, 그냥 오기 뭐 해서 음료수 사왔어요. 드세요.”

“뭘 이런 걸. 고맙습니다. 잘 마실게요. 참 방금 전에 순정 씨 오셔서 등록하고 가셨어요. 내일부터 나오신다고 했어요.”

“어머! 어제 장난말로 그러는 줄 알았는데 왔다 갔어요?”

“무슨 말이오?”

“아, 아니에요. 그럼 수고하세요. 오늘은 운동 쉬고 내일부터 하려고요. 아직 좀 피곤해요.”

인사하고 돌아서는 성주를 상현이 불러 세웠다.

“저기! 잠깐만요. 성주 씨, 시간 괜찮으시면 제가 건강과 운동에 대해서 몇 가지 조언을 드려도 괜찮을까요? 한 10분이면 되는데. 운동하는 것도 중요하지만 먼저 듣고 시작하는 것이 좋을 것 같아서요.”

다시 돌아선 성주는 시계를 보면서 어찌할까 잠깐 고민하다가 대답했다.

“네. 그러시죠. 말씀하세요.”

상현은 성주가 사온 오렌지주스를 두 병 꺼내 하나를 성주에게 건넸다.

“제가 성주 씨를 잠깐 보자고 한 것은, 제 느낌이지만 지금 성주 씨

몸을 원래 상태로 회복하지 않으면 큰일 날 것 같아서예요."

"저 괜찮아요! 어제는 조금 무리해서 그런 것이고. 어제 영양주사 맞아서 그런지 오늘은 몸도 가볍고 기분도 좋아졌어요."

"성주 씨! 그건 약 기운 때문에 그런 거예요. 벌써부터 몸이 약발에 왔다 갔다 반응하면 몸이 많이 망가졌다는 증거예요. 지금 성주 씨 나이가 저랑 동갑이니까 39세. 이제부터 제대로 관리하지 않으면 40대가 되기 전에 정말 쓰러질 수 있어요. 이거 심각하게 받아들이셔야 해요."

갑자기 쓰러질 수 있다는 말에 그렇게 되면 엄마, 오빠 그리고 조카 진호, 재훈이는 어떻게 하나라는 걱정부터 들었다. 그런 생각이 드니 갑자기 심란해졌다.

"정말요?"

"요즘 혹시 스트레스받는 일이 있나요?"

"스트레스받지 않는 사람이 어디 있어요? 사는 것 자체가 스트레스인데. 사실 매일매일 스트레스받아요. 특히 저희는 직접 판매하기 때문에 매출이 안 나오면 그 스트레스는 말도 못해요."

"저, 스트레스가 모든 병의 원인이라는 것은 아시죠? 4대 성인병인 고혈압, 고지혈, 암, 당뇨는 선천적이거나 유전적인 요인으로 발병하지만 결정적인 원인은 바로 스트레스입니다. 최근에 유명 연예인뿐만 아니라 많은 사람이 우울증으로 고생하고 심지어 자살하기도 하는데 이것도 바로 혼자서는 감당할 수 없는 스트레스 때문이라고 합니다."

"아! 그래요. 맞는 말 같아요. 모든 병이 스트레스에서 온다……."

성주는 자신을 생각해보았다. 지금 자신을 괴롭히는 것은 무엇인가? 돈, 매출부진, 퇴출압력, 서 과장……. 금방 떠오르는 것만 없다면 다른 스트레스는 다 떨쳐버릴 수 있을 것 같다는 생각이 들었다.

"그런데 이러한 스트레스 유발 질환이 왜 무서운지 아세요?"

"글쎄요. 뭐 걸리면 죽을 수도 있어서 무서운 건가요?"

"그것도 일부 답이 될 수 있지만 진짜 무서운 이유는 이런 스트레스성 성인병은 아프다고 자각하는 순간 이미 병이 몸에 온통 퍼져 있다는 겁니다. 정말 특이하게 병이 어느 정도 진전되기 전까지는 아프다는 자각증세가 없어요. 그러다가 이상하다고 생각하는 순간부터 갑자기 악화되기 때문에 무서운 거예요."

"아! 맞아요. 제가 아는 당숙 어른도 1년 전에 정기검사에서 갑자기 후두암 판정을 받고 6개월을 버티지 못하셨어요. 그전에는 정말 나이에 비해 건강하시다고 생각했는데……. 상현 씨, 저도 그럼 그런 징후가 보인다는 건가요?"

"아니에요. 그 정도까지는 아니어도 지금 나이나 체격에 비해 상대적으로 몸의 나이는 아주 늙어 보입니다. 병원에 가서 신체 나이를 체크해보면 아마 60세쯤 나올 거예요."

"어머! 60세요! 제가 그렇게 늙어 보여요?"

성주는 자신의 신체 나이가 60세라는 트레이너의 말이 믿기지 않았다.

"지금 겉모습으로 볼 때는 물론 실제 나이보다 젊어 보여요. 보이는 대로 말하면 30대 초, 중반. 지금보다 서너 살은 젊어 보입니다. 단지 제가 어제 병원에서 의사선생님께 들은 성주 씨 몸 상태와 트레이너로서 여러 사람을 경험한 것에 비추어보면 몸의 나이가 그렇게 나올 수 있다는 거죠. 성주 씨 걷는 거 싫어하시죠?"

"네."

"손이나 온몸에 흔히 말하는 근력이 느껴지나요? 쉽게 말하면 손을 꽉 쥐었을 때 팔 전체에 힘이 가는 것을 느끼나요?"

"아니요."

"그럼, 속이 쓰려서 아침도 제대로 먹지 않죠. 위장병도 좀 있고요."

"네. 맞아요. 그런데 제 몸 상태를 어떻게 그렇게 잘 파악했어요. 전문가라 다르네요."

상현은 옆에 있는 메모지에 무언가 적어서 성주에게 내밀었다.

$$100 - 1 = 0$$

"이게 무엇을 뜻하는지 아시나요?"

성주는 회심의 미소를 띠었다. 이틀 전 아침에 매월 진행하는 CS(Customer Satisfaction : 고객만족) 교육에서 강사에게 설명을 들은 기억이 났다.

“어! 이거 그건데, 100번 고객에게 잘해도 1번 고객을 실망시키면 망할 수 있다. 아닌가요?”

“아! 그런가요? 고객관련 교육 때는 이것이 그렇게 해석되는군요. 제가 해석해드리면 ‘백 가지를 다 가지고 있어도 한 가지 건강을 가지고 있지 않으면 아무것도 없는 것과 같다.’ 저는 이렇게 해석해드려요. 이해하시죠?”

“네. 맞는 말 같네요. 그런데 어떻게 해야 스트레스에서 벗어날 수 있나요? 좋은 방법 있으면 알려주세요.”

“여러 가지 방법이 있지만 우선 정신적인 것과 물리적인 것 가운데 가장 중요한 것 하나씩만 말씀드릴게요. 정신적인 측면에서는 마음가짐을 어떻게 하느냐에 따라 스트레스에 더 가까이 있을 수도 있고 때론 멀리 벗어날 수도 있어요. 물론 스트레스에서 멀리 벗어나기 위해서는 언제나 긍정적인 마음가짐을 가지고 있어야 해요. 다른 사람과의 관계에서 긍정적인 것이 필요하지만 특히 제가 강조하는 긍정적인 것은 자기 자신에 대해 긍정적 자아(自我)를 갖는 것입니다.”

“긍정적 자아라·····. 말이 좀 어렵네요.”

“아! 그래요? 쉽게 말하면 한때 텔레비전 광고에 나온 말이기는 하지만 ‘나는 나를 사랑한다. 나는 나다.’ 뭐 이런 마음을 가지고 지내라는 얘기지요.”

상현은 옆에 있는 메모지에 또다시 무언가를 적어서 성주에게 내밀었다.

HARD WORK = 98%

LOVE = 54%

MONEY = 72%

LUCK = 47%

100% = ?

"이게 무슨 뜻이죠. 하드워크 98%, 러브 54%."

"네. 설명해드리면 메모지에 적은 단어 옆에 있는 숫자는 A에 1, B에 2, C에 3 …… Z에 26, 이런 식으로 알파벳에 숫자를 순차적으로 대입하여 더하면 그 숫자가 나온다는 말입니다."

상현은 그렇게 말하면서 메모지에 예를 적어주었다.

H+A+R+D+W+O+R+K = 8+1+18+4+23+15+18+11 = 98

"무슨 말인지 알겠죠?"

"네. 그런데 98%는 무엇을 의미하죠?"

"그것은 열심히 일하는 것, 사랑, 돈 그리고 행운이라는 것은 사람을 100% 행복하게 할 수 없다는 뜻이에요. 그 말은 이런 것을 갖추고 있어도 무언가 조금 부족하기 때문에 그것이 스트레스가 될 수 있다는 거죠."

"그럼 제일 밑에 있는 100%는 어떤 단어죠?"

성주가 물었다.

"무슨 단어일 것 같나요? 정답은 제가 이미 말했어요. 그건 '마음가짐 또는 태도'라는 뜻을 가진 영어 단어예요."

상현은 그렇게 말하면서 메모지에 적었다.

ATTITUDE(마음가짐) = A+T+T+I+T+U+D+E

= 1+20+20+9+20+21+4+5 = 100%

"아, 알겠어요. 그러니까 나 자신뿐만 아니라 모든 것에 대해 긍정적인 마음가짐을 가지고 있으면 스트레스에서 해방된다는 뜻이네요."

상현은 성주가 현명한 여자라는 느낌을 받기는 했지만 실제 몇 마디 설명만 듣고 이렇게 쉽게 결론을 지어 말하는 것을 보고 놀랐다.

"네. 맞아요. 매일 자신에게 '난 나를 좋아해, 난 나를 좋아해'라고 세뇌하며 지내면 맑은 기운이 온몸에 충만하게 퍼져 부정적인 기운이 들어오지 못한다고 합니다. 그런 마음의 건강을 유지하면 자연스럽게 스트레스에서 벗어날 수 있지요."

"그래요. 저 스스로 '난 나를 좋아해'라고 말해본 적이…… 글쎄요. 아주 어렸을 때 오빠랑 섬마을에서 지낼 때 가끔 그런 말을 혼자 되뇐 것 같은데……. 그런 말을 해본 지도 벌써 20년이 넘었네요."

"성주 씨! 반대로 이것에서 현명하게 벗어나지 않으면 인생을 100%

불행하게 만드는 영어 단어는 무엇인지 아세요?"

"글쎄요! 뭐죠? 궁금한데요."

상현은 미소를 지으며 메모지에 단어를 적어 성주에게 내밀었다.

$$STRESS(스트레스) = S+T+R+E+S+S$$
$$= 19+20+18+5+19+19 = 100\%$$

"어머! 스트레스라는 단어도 100이라는 숫자가 나오네요. 마음가짐인 ATTITUDE와 숫자는 같은 100%여도 의미는 극과 극이네요."

"네. 맞습니다. 같은 100%인데 알파벳 조합에 따라 단어가 내포하는 의미는 정반대이죠. 하나는 긍정적인 면을, 하나는 부정적인 면을 보여 주니 말입니다. 그래서 어떻게 보면 긍정과 부정은 손과 같다는 생각이 들어요. 손이 손등(긍정적=Positive)과 손바닥(부정적=Negative)으로 되어 있지만 똑같은 손도 손등을 보느냐, 손바닥을 보느냐에 따라 결과가 확연히 달라집니다. 어떤 어려운 상황에 부딪혔을 때 위기를 기회로 삼는 사람이 있는 반면, 조그만 위기에도 크게 낙담하여 계속 추락의 나락으로 빠져드는 사람들도 있어요. 가끔 뉴스에서 학생들이 성적이 안 나왔다거나 기타 다른 이유로 자살했다는 소식을 들으면 정말 안타까워요. 만약 그 학생들이 긍정적인 마음을 소유하고 있는 선생님이라든지, 친구라든지 죽음까지 선택하게 만든 고민을 한 번이라도 이야기할

수 있는 사람이 주변에 있었다면 손바닥 대신 손등을 볼 여유를 찾았을 텐데 말이죠."

"정말 그러네요. 저도 조카들이 학교에 다녀서 그런 소식을 들으면 남의 일 같지 않아요. 그런데 두 번째 물리적인 방법은 무엇인가요?"

"네. 그것은 무척 간단해요. 하지만 제대로 실천하는 사람은 그렇게 많지 않아요. 바로 규칙적인 운동입니다. 그런데 여기서는 규칙적이어야 한다는 말이 키워드입니다. 몸에 에너지가 없으면 지금 성주 씨같이 힘이 없어 보이고 실제로 근력이 떨어지게 돼요. 단순한 일상생활을 하는 데는 지장이 없겠지만 그런 상태가 계속되면 외부의 조그만 충격에도 금세 무너질 수 있고, 또 몸 안의 피 흐름이 좋지 않아 손발 저림 증상부터 시작해서 점점 이상 징후가 나타나게 되죠."

"그래요. 상현 씨! 실제로 제가 요즘 아침에 잘 일어나지도 못하고 자고 나도 온몸이 쑤시고 특히 손발이 많이 저려요."

"옛말에 고인 물은 썩는다고 했습니다. 물은 흘러야 생명력을 유지하는 것이에요. 그런데 고여 있다면 그 지점에서 문제를 일으키는 겁니다."

"그런데 규칙적으로 운동하는 것이 중요하다는 것은 무슨 말이죠?"

"그것은 운동 효과를 최대한으로 끌어올리기 위해서 필요해요. 정해진 시간에 정해진 방법으로 매일매일 운동하면 몸은 그런 반복적인 움직임에 익숙해지고 반응하게 됩니다. 예를 들어 아침 6시에 한 시간씩 매일 운동하면 몸은 운동하는 한 시간 동안 그날 사용할 에너지를 비축

하고 운동이 끝나면 남은 23시간에 이 에너지를 고루 이용하도록 몸에
습관화가 되는 겁니다. 몸은 이런 반복적인 에너지 충전 시간을 기억하
고 익숙하게 반응합니다.”

성주는 혼잣말로 중얼거렸다.

“몸의 습관화라!”

“운동도 규칙적으로 하지 않으면 안 하는 것보다는 좋지만 규칙적인
운동에 비해 20~30% 정도밖에 효과를 보지 못합니다. 규칙적으로 운
동하되 되도록 매일 아침에 하는 것이 좋아요. 푹 쉬고 나서 몸을 깨우
고 다시 활기차게 시동을 걸기 위해서죠. 굳이 시간을 정하면 6시에서
7시 사이가 좋지요.”

“어머! 전 요즘 8시가 다 되어야 일어나는데 그건 제게 무리예요.”

“성주 씨, 제가 금방 말한 몸의 습관화로 얼마든지 지금 패턴을 바꿀
수 있어요. 저녁에 운동하는 게 나쁘다는 것이 아니라 저녁 운동은 규
칙적으로 하기에는 제약이 너무 많아요. 저녁에 주로 약속하고, 회식이
나 모임이 있는데 매일 이런 것들을 다 무시하고 운동하기는 사회생활
하면서 쉽지 않죠. 그래서 저녁 운동이 규칙적으로 하기 힘들다는 것입
니다.”

“다 옳은 말이에요. 오늘 좋은 얘기 고마워요. 내일부터는 아침에 일
찍 일어나볼게요.”

“그래요. 사실 제가 말한 것보다 훨씬 더 중요한 것이 있는데 그것은

바로 실천입니다. 지금 성주 씨같이 느끼고 옳다고 생각하면 바로 실천에 옮기는 것이 무엇보다 중요해요. 많은 사람이 제 말에 공감은 하지만 지켜보면 변하지 않고 늘 그대로인 분들이 더 많으니까요. 그런 면에서 성주 씨는 대단합니다. 내일부터 실천하신다니……."

"어머! 저 칭찬하는 건가요. 남에게 칭찬받아 본 게 언젠지 까마득해서 정말 기분 좋은데요. 고마워요, 빈말이라도."

"빈말은요! 진심으로 느끼는 말을 전한 것뿐이에요. 참! 숙녀복 하고 계신다고 했죠?"

"네! '이노스'라고 코리아백화점 3층에 매장이 있어요. 왜요?"

"아! 하나밖에 없는 누나가 이번 주 일요일이 생일인데 제가 누나한테 그동안 받은 것이 많아서 생일 때 옷을 한 벌 사줄까 생각 중입니다. 한번 들러서 구경해도 되나요? 백화점 옷이 워낙 비싸서 꼭 산다는 보장은 못합니다만……."

"그래요. 언제든지 오세요. 혹시 마음에 드는 옷이 있으면 제 마진 빼서라도 최대한 좋은 가격에 해드릴게요."

"네. 알겠습니다. 그럼 한번 들를게요."

성주는 상현에게 인사하고 사무실을 나왔다. 초여름이지만 그래도 저녁 공기는 시원함을 느끼기에 부족함이 없다. 나이는 같지만 상현이 하는 말을 듣고 있으면 왠지 모르게 친오빠처럼 편안하게 느껴졌다. 성주는 집으로 걸어가면서 상현이 해준 말을 되새겨보았다.

기회를 잡기 위한 시작, 몸과 마음의 건강

100 − 1 = 0

백 가지를 다 가지고 있어도 단 한 가지 건강을 가지고 있지

않으면 아무것도 없는 것과 같다.

ATTITUDE(마음가짐)

A+T+T+I+T+U+D+E = 1+20+20+9+20+21+4+5

= 100% 행복하기 위한 필수 조건

STRESS(스트레스)

S+T+R+E+S+S = 19+20+18+5+19+19

= 100% 불행하게 만들어 피해야 할 조건

나는 나를 사랑한다

나 자신에 대한 긍정뿐만 아니라

모든 것에 대한 긍정적인 마음가짐은 건강한 삶의 기본 토양이다.

몸의 습관화

매일 규칙적인 운동에 따른 몸의 습관화는 신체 에너지를 극대화한다.

버라이어티

6월 중순이 다 되었다. 성주는 작년 판매 수첩을 떠들어 보았다. 작년 6월 매출이 7,200만 원이다. 오늘이 15일, 반절 지났으니까 월말에 조금 더한다 해도 최소 3,000만 원 정도는 매출을 올렸어야 한다. 오늘까지 매출액을 합산해보니 1,450만 원이다. 다른 매장도 전체적으로 작년에 비해 저조하다고는 하지만 평균 20% 정도 하락세인데 성주는 평균에 훨씬 미치지 못하는 실적을 냈을 뿐이다. 이럴수록 서 과장에게 빌미를 주는 꼴이다. 어떻게 해야 할지 고민하지만 해답은 떠오르지 않고 머리만 아파왔다. 그때 순정이 찾아왔다.

"성주야! 밥 먹자."

"어, 그래!"

"너, 어디 안 좋아? 그거 하는 날이야? 얼굴이 창백해! 핏기도 없고."

"아니야! 조금 피곤해서 그런가 봐."

"야! 너 안 되겠다. 내가 영양보충 시켜줄게. 우리 8층 가서 삼계탕 먹자."

매번 성주를 위해 챙겨주는 순정이 고맙다. 의외로 사람과 잘 어울리지 못하는 성주에게는 옆에 순정이 있어 그나마 다행이다.

순정과 백화점 8층 삼계탕 집에 들어가 한쪽 구석에 자리를 잡고 앉았다.

"성주야, 너 에뜨림 미자 소문 들었니?"

"무슨 소문?"

"걔 서 과장하고 그렇고 그런 사이라는 말이 있더라. 그 애 여기 백화점으로 옮긴 지 몇 개월 되지 않았는데 서 과장이 그렇게 팍팍 밀어준다고 하던데. 한 번 에뜨림 매장 지나가다 봐봐. 매장 한쪽을 확 넓혀주었고 거의 매일 행사 깔아주더라. 할인권도 매달 그 애한테 준대."

"그래도 확실하지 않은 말을 함부로 옮기지 마. 그러다 서 과장 귀에 들어가면 너도 좋을 게 없어."

"야! 그나저나 너 서 과장에게 찍힌 뒤로 너랑 친하다고 나도 덩달아 찍힌 것 같아. 내가 인사해도 잘 받지 않아."

"미안해. 괜히 나 때문에 너까지. 다음부터는 책 잡힐 일 하지 않을 게, 친구야."

“야! 너는 꼭 농담하면 진담으로 받아들이더라.”

순정은 농담이라지만 성주는 자기가 자꾸 친구에게 피해를 준다는 생각이 들었다. 삼계탕이 나와 닭다리를 하나 들고 먹던 순정이 조용히 뭔가 은밀한 말을 하려는 듯 성주 얼굴 가까이 다가왔다.

“성주야! 우리 서 과장 한번 먹여볼까?”

“뭘 먹여?”

“야! 3년 전 일 기억 안 나니? 그때 유 과장도 이와 상황이 비슷했잖아. 걔 우리가 술 한잔 먹이고부터 우리 대하는 것이 확 달라진 일 기억 안 나?”

'아! 그래, 유 과장! 그래도 유 과장은 징그럽게 굴지는 않았잖아. 사람 편애는 했어도. 난 서 과장하고 마주 하면 그 사람 눈길이 꼭 먹이를 두고 입맛 다시는 짐승 같아서 잠깐이라도 같이 있는 것 자체가 싫어.”

“야! 그 자식은 아무한테나 그래. 마누라는 자기 남편이 밖에서 그러고 다니는 거 아는가 몰라. 하여튼 나랑 같이 움직이면 되니까 그런 걱정은 하지 말고 내가 자리 마련할게 한번 먹이자. 매번 신경 쓰이게 꼬투리 잡아서 나도 스트레스받아. 이제 안 되겠어.”

성주는 곰곰이 생각했다. 그것도 한 가지 방법이 될 수 있겠다는 생각이 들기도 하지만 밖에서까지 서 과장을 만나 비위를 맞추어야 한다는 게 영 기분이 내키지 않았다.

“성주야! 나한테 맡겨두고 너는 참석만 해. 서 과장 같은 스타일은 술

한잔 사주면 금방 우리 편 만들 수 있어. 우리가 이 바닥에서 한두 사람 겪은 것도 아니잖아.”

“그래, 모르겠다. 네가 알아서 해. 난 같이 움직여만 줄게.”

“오케이! 알았어. 뭐 우리가 에뜨림 미자보다는 조금 덜 싱싱하지만 그래도 경험과 관록이라는 것이 있잖아. 서 과장 마음 움직이는 것은 내가 알아서 할게. 요즘 아무리 깨끗하게 지내자고 떠들어도 처먹고 입 딱 씻지는 못하겠지.”

점심을 먹고 매장에 올라오니 단골 고객인 정자동 사모님이 기다리고 계셨다. 이 분은 손이 상당히 큰 고객이다. 잘만 하면 한 번에 몇 백을 사가시는 분이라 순간 성주의 얼굴에 화색이 돌았다.

“어머! 안녕하세요? 사모님! 오래 기다리셨어요?”

“아니야! 금방 왔어. 그나저나 요즘 입을 옷이 있나? 자기 없는 사이에 쭉 봤는데 어떻게 옷들이 영(Young)해졌네.”

영해졌다는 말에 성주는 순간 당황했다. 성주보다 세 살이나 어리지만 신랑이 경찰청 고위직에 근무해 나이보다 더 들어 보이게 입는 스타일이었다.

“사모님! 나이도 있으시고 여름 옷이니 좀 젊게 입으세요. 여름에는 남편과 어디 행사 참석할 일도 많지 않잖아요.”

“그럴까. 사실 내가 나이보다 좀 영해서 그런지 30대 초반으로도 보더라고. 호호호!"

그도 그럴 것이 아직 애도 없고 남편 출근하고 나면 하는 일이 몸 꾸미고 가꾸는 것이 전부인 여자이다. 성형수술도 몇 번 해서 실제로 나이보다 젊게 보였다. 처음 봤을 때는 어딘가 조금 부족한 듯한 얼굴이었다. 하지만 지금은 미모도 돈의 위력에 따라 어떻게 변하는지를 여실히 보여주고 있다.

"제가 사모님 스타일로 한번 골라볼게요."

성주는 우선 너무 튀지 않는 밤색 꽃무늬가 들어간 원피스와 밝은 색 바지 두 개 그리고 연녹색 계열 블라우스 두 장을 골랐다. 편하게 입을 수 있는 조금 화려한 민소매 티도 두 장 골라 앞 진열대에 올려놓았다.

"사모님, 이렇게 맞춰서 입으면 어떠시겠어요?"

사모님은 골라놓은 옷을 하나씩 거울 앞에 가서 몸에 대어보았다.

"그래, 이거 다 얼마야?"

성주는 재빨리 계산기를 두드렸다.

"사모님, 전부 250인데요."

"그래! 50짜리 하나 더 얹어줘 봐. 300 채우지 뭐."

성주는 재빨리 밝은 파란색 원피스를 내놓았다.

"사모님, 이 옷 한번 입어보세요. 원색이기는 하지만 입으면 환해 보이고 탁 튀어 정말 예뻐요."

"난 튀게 입으면 안 되는데……. 에이! 그래. 애인하고 데이트할 때나

한 번 입어야겠다."

　농담인지 진담이지 모르지만 눈웃음을 치며 어린애처럼 파란 원피스를 몸에 갖다대고 한 바퀴 돌았다.

　"참, 저기 있잖아! 시간 되면 나와 같이 쇼핑 좀 해주면 안 돼? 오늘 생일이고 해서 이것저것 살 것이 있는데 혼자 하려니 좀 심심해서."

　"그러세요. 저랑 같이 쇼핑하세요."

　성주는 사모님을 모시고 쇼핑하러 매장을 나왔다. 1층에 있는 샤넬 매장에 가서 핸드백을 골랐다. 고가여서 그런지 진열되어 있는 물건들이 하나같이 좋아 보였다. 성주는 백화점에 있으면서도 다른 매장은 구경할 시간이 거의 없어서 옷 이외에 다른 물건 보는 눈은 손님들보다 없는 게 사실이다.

　사모님은 이것저것 디자인을 보더니 바둑판 무늬에 노랑, 파랑, 보라, 핑크색이 조합되어 심플하면서 세련미가 돋보이는 백을 골랐다. 성주가 보기에도 디자인이 잘 된 백이었다. 핸드백 가격은 290만 원인데 사모님은 주저 없이 계산했다. 그러면서 대뜸 성주에게 말했다.

　"성주 씨도 여기서 뭐 하나 골라. 내가 사줄게."

　"아니에요. 명품이 비싸다는 말은 들었지만 그래도 정말 비싸네요."

　사모님은 그런 성주를 보며 웃더니 진열된 팔찌 중 하나를 골랐다.

　"이거 하나 차봐. 가격도 비싸지 않으니까 부담 없이 차고 다녀."

　성주는 극구 괜찮다고 사양했지만 사모님은 성주 팔에 채워주었다.

45만 원짜리였다. 마지막 쇼핑을 하러 주얼리숍에 갔다. 사모님은 그곳에서 다이아몬드를 보자고 했다. 매니저가 5부짜리 시리즈를 여러 개 보여주니 사모님은 더 크고 화려한 것을 보여달라고 했다. 보석 매장 매니저도 눈치를 챈 듯 매장 한쪽 금고에 넣어두었던 1캐럿짜리 다이아를 내놓으면서 말했다.

“사모님! 이건 저희 매장에서 제일 좋은 건데. 상당히 고가입니다.”

“그래, 얼마인데?”

사모님은 값을 물어보며 반지를 손가락에 끼워보았다. 성주는 가까이 가서 사모님 손가락에 끼워져 있는 반지를 자세히 보았다. 이렇게 큰 진짜 다이아는 처음 보았다. 진짜라서 그런지 유난히 반짝반짝 빛이 났다.

“사모님! 2,000만 원입니다.”

사모님은 값을 듣고 고개를 약간 갸우뚱하더니 바로 말했다.

“그래. 포장해.”

성주는 자기도 모르게 입이 쩍 벌어졌다. 보석이라고 하지만 2,000만 원짜리를 주저 없이 사는 광경을 보고 놀라지 않을 수 없었다.

사모님이 오늘 쓴 돈을 머릿속으로 대략 계산해보았다. 내 매장에서 300, 핸드백 290, 내게 사준 팔찌 45 그리고 다이아 2,000…… 대략 셈을 해보니 2,700만 원을 한 시간 조금 넘는 시간에 썼다. 하지만 사모님의 마지막 말에 성주는 더욱 놀라 입을 다물 수 없었다.

“성주 씨! 나 따라다녀준 거 고마워서 그러니까 이거 하나 해봐! 예쁠

것 같아.”

그러면서 사모님은 순금으로 된 목걸이를 하나 골라주었다. 목에 차 보니 무게감이 느껴지는 게 족히 1냥은 될 것 같았다. 사모님은 같이 계산해 달라더니 2,200만 원을 일시불로 계산했다. 성주는 자기 앞에서 벌어지는 상황이 믿기지 않는 듯 사모님께 여쭈었다.

“사모님! 다음 달에 카드값 너무 많이 나오는 거 아니에요?”

“아이고, 별 걱정을 다해. 이 카드 우리 양반이 쓰라고 준 건데, 오늘 생일이라고 맘대로 쓰라고 하더라고. 그런데 우리 양반 카드가 아닌 것 같아! 호호…… 너무 알려고 하지 마. 다쳐! 호호호.”

순간 성주는 생각이 복잡해졌다. 본인 카드가 아니면 다른 사람 카드! 이 손님 남편이 고위경찰이니 대략 짐작이 갔다. 그래서 더 묻지 않았다.

매장에 돌아와 준비된 옷을 들고 주차장까지 모시고 갔다. 차는 검은색 에쿠스다. 일전에 몰고 온 차는 그랜저였는데 그새 차가 바뀌었다.

“어머! 사모님 차 바꾸셨네요.”

“응! 웬만하면 외제차로 바꾸려고 했는데 주변에 눈이 있어서 국산차로 했어. 그이가 공무원이니 그런 것이 신경 쓰여 제대로 못하는 것이 많아. 돈이 있어도 맘대로 못 써서 엄청 스트레스야.”

차에 물건을 실어준 뒤 차가 움직이는 것을 보고 인사했다.

매장으로 걸어오면서 손에 차고 있는 팔찌와 목에 건 목걸이를 만져

보았다. 이렇게 고가품을 몸에 지녀본 적이 없는 성주는 신기한 듯 쳐다보았다. 하지만 기분은 유쾌하지 않았다. 보통 사람 일 년 연봉 정도를 한순간에 써버리는 사람이 있는 반면, 자신은 어떠한가? 얼마 전 헬스클럽에 등록하기 전에 10만 원 쓰는 것도 주저했던 자신을 생각하니 자신이 한없이 초라하게 느껴졌다.

쓸쓸한 기분이 들었지만 그래도 오랜만에 단번에 매출 300을 올려 기분은 좋았다. 매출을 이렇게 쉽게 올려보기는 정말 오랜만이다. 성주는 가방을 챙기면서 영숙에게 말했다.

"막내야! 나 먼저 나가볼 테니 혹시 서 과장 와서 찾으면 어떻게 말하는지 알지?"

"네. 매니저님. 그런데 어디 가세요?"

"응! 오랜만에 매출이 많이 올랐으니 오늘은 그만하고 사우나나 한 뒤 바로 집에 가서 쉬어야겠어."

성주는 백화점을 나와 평소 잘 가는 사우나에서 뜨거운 물에 지친 몸을 담갔다.

악순환의 끝, 최악!

다음 날 아침 8시 30분에 백화점에서 매니저를 대상으로 고객서비스 교육이 있어 평소보다 일찍 집에서 나섰다. 어제 사우나에서 마사지를 받아서 그런지 몸이 한층 가벼워진 것이 느껴졌다. 교육장 입구에 백화점 담당 과장들이 쭉 서서 출근하는 매니저들에게 인사했다.

오른쪽 끝에 서 과장이 보였다. 애써 알은체하지 않고 지나가려는데 서 과장이 대뜸 세우고 말을 걸었다.

"김성주 씨! 어제 매출 조금 했대. 역시 사람은 자극이 필요해. 나한테 밥 한 끼 사야 하는 것 아니야. 느슨한 나사를 다시 조여주었는데……."

성주는 속으로 '이 자식은 하는 말마다 정말 재수없어' 했다.

"다 과장님 덕분이죠. 조금 더 열심히 해서 예년 매출 찍고 밥 한 끼 사드릴게요."

"오 그래! 기대할게. 거기에 소주 한잔 곁들여서 말이야. 데이트 한번 하자고."

아침부터 속이 뒤집히는 말을 들으니 영 기분이 나빴다. 강사가 와서 서비스 마인드에 대해 무어라 열심히 얘기하는데 하나도 귀에 들어오지 않았다. 이런 교육도 이제 지긋지긋했다. 그 교육이 그 교육 같다는 생각이 들었다. 거기에 서 과장 때문에 비위가 상한 성주는 고개를 숙이고 멍하니 앉아 있었다. 교육이 끝나고 숙녀복 매니저들만 담당 팀장인 김 부장과 간담회를 하기 위해 회의실로 이동했다.

큰 키에 호리호리한 체격 그리고 잘생긴 김 부장은 겉모습만 보면 백화점에 딱 맞는 사람처럼 생각된다. 해외 유학파로 MBA까지 마치고 30대 중반에 백화점에 발을 디딘 그는 백화점의 같은 또래 가운데 가장 먼저 팀장을 맡았다.

"안녕하세요? 오랜만에 이렇게 가까이서 얼굴을 보니 반갑습니다. 모두 바쁠 테니 용건만 간단히 전달하겠습니다. 지금 숙녀복 매장의 매출이 전체적으로 전년에 비해 많이 떨어져 있습니다. 백화점 내 다른 코너에 비해 유난히 하락폭이 큽니다. 그래서 전체 숙녀복 매장에 대해 수익률이나 손님 인지도 등 다양한 요소를 가지고 평가를 진행하고 있

습니다. 이 결과에 따라 하위 20%는 어떤 식으로든 매장 철수 또는 이에 맞먹는 조치를 취할 예정입니다.”

김 부장 말에 모두들 웅성웅성했다. 보통 해마다 10% 교체는 있었지만 이번에는 20% 교체라는 말에 모두 놀랐다.

“부장님! 왜 예년에는 10%였는데 올해는 20%인가요?”

앞에 앉아 있던 매니저가 질문은 던졌다.

“그건 서두에 말했지만 백화점의 여러 코너 중 숙녀복 매장의 역신장률이 가장 크기 때문입니다. 제가 보는 관점에서 그 원인을 말하면 인기 없는 브랜드의 상주와 일부 매니저의 판매능력 부족인 것 같습니다. 그래서 예년 수준인 10%로 하면 개선되지 않는다는 것이 저희가 보는 관점입니다. 현재까지 평가한 점수와 앞으로 3개월간 추가로 평가한 점수를 합산하여 결정할 예정이니 나중에 개별적으로 이런 결정이 내려진 매장이 생기더라도 양해하기 바랍니다. 자! 그럼 그렇게 알고 남은 3개월 동안 모두 분발하세요.”

성주는 역신장 이유를 전적으로 매니저들의 판매부진으로 돌려서 말하는 김 부장 말에 불쾌감을 감추지 않았다.

“부장님! 말 좀 해도 될까요?”

성주는 손을 들었다.

모든 매니저의 눈이 성주에게 집중되었다. 서 과장도 어이가 없다는 듯이 쳐다보았다.

“이노스 김성주 씨 맞죠? 말해보세요. 간단하게.”

“부장님은 매출부진을 전적으로 브랜드와 매니저의 능력 부족 탓이라고 말씀하시는데, 다른 이유는 없다고 생각하시나요?”

“없다고 생각합니다. 무슨 다른 이유가 있나요? 있다면 좀 알려주세요.”

“제가 매니저 생활을 오래했고 여러 백화점에서 근무해본 경험으로는, 저희 백화점은 마케팅 쪽이 너무 약한 것 같아요. 지금은 손님을 기다리는 시대가 아니잖아요. 이벤트도 적극적으로 기획하고 고객이 스스로 우리 백화점, 아니 숙녀복 매장을 찾아올 수 있도록 백화점 측에서 좀 더 적극적으로 노력해야 하는 것 아닌가요? 제가 알기로는 올 6개월 동안 고객 유치를 위해 백화점 측이 한 일이라고는 매장별로 가끔 할인권 나누어준 것 외에는 없는 것 같은데요. 그것에 대해서는 어떻게 생각하시나요?”

한쪽 눈썹이 치켜올라 가며 김 부장의 얼굴이 굳어졌다.

“그런 관점에서도 분석해주시니 고맙습니다. 김성주 씨! 그쪽도 저희가 더 고려해보겠습니다. 그런데 그렇게 머리가 좋은 분이 매출은 왜 바닥을 기고 있죠? 아이러니하네요.”

순간 성주는 괜한 얘기를 했다는 생각이 들었다. 한 번만 참으면 될 텐데 이노스 매출 얘기에 당황하여 어쩔 줄 몰라 그냥 자리에 앉아 있었다.

“자! 남 탓하기 전에 자신부터 돌아보세요. 여러분의 행동 하나하나를 유심히 보고 있다는 것을 잊지 마세요.”

김 부장은 마지막 한마디를 던지고 나갔다. 모두 웅성웅성했다. 순정이 성주에게 다가와 말을 건넸다.

“야! 시원하게 말 잘했다. 자식들, 지들이 하는 것은 하나도 없으면서 만날 힘없는 매니저 탓만 해. 잘했어.”

순정은 성주를 위로하기 위해 애써 말하면서도 얼굴에는 걱정스러운 표정이 역력했다. 교육장에서 나와 매장으로 돌아가는데 서 과장이 어깨를 툭 치고 지나가면서 말끝을 흐렸다.

“아주 잘리려고 용을 쓰네, 용을 써! 이봐 성주 씨. 당신이 그렇게 삐딱하게 나가면 나도 힘 못써. 큰일이네. 김 부장 뒤끝 있는 사람인데 공개석상에서 그렇게 심사를 건드렸으니…… 쯧쯧.”

어제 일껏 풀었던 피로가 다시 몰려오는 것 같았다. 한쪽 머리가 더 심하게 아파왔다. 왠지 오늘 하루도 완전히 망칠 것 같다는 생각을 하며 매장으로 갔다.

마침 전화벨이 울리자 영숙이가 받아 성주에게 건넸다.

“매니저님! 경찰청이라고 하는데요?”

“경찰청? 경찰청에서 왜?”

왠지 불길한 생각이 들었지만 경찰청이라는 말에 바로 수화기를 건네받았다.

“이노스 김성주입니다.”

“여보세요. 여기 경찰청 감사실입니다. 사실 확인할 것이 있어 전화 드렸습니다. 영업하시는데 오전부터 죄송합니다.”

“무슨 사실 확인이오?”

“고객 중에 이수경이라는 사람을 아시나요?”

“이수경이오?”

고객 이름을 직접 불러본 적이 없어 이름만 들어서는 생각이 잘 나지 않았다. 성주는 재빨리 고객명단이 적혀 있는 수첩을 펼쳐보았다.

“아! 정자동에 사시는 사모님이오? 네, 저희 고객입니다.”

“어제 그곳에서 물건 산 것 있죠?”

“네, 그런데요. 왜 그러시죠?”

“이수경 씨 부군이 경찰청에 근무하는 것 아시나요?”

“꽤 높은 자리에 있는 걸로 알고 있어요. 구체적으로는 모르고요.”

“그동안 감사실에서 조사하고 있었는데 비리 혐의가 포착되었습니다. 결론적으로 말씀드리면 어제 그곳에서 구입한 모든 물품은 뇌물성 돈으로 구입한 것이어서 구매 취소될 예정입니다. 그리고 그 사모님 말로는 지금 전화받으신 김성주 씨에게도 팔찌와 목걸이를 사주었다고 하던데 그것도 같은 성격의 물건이니 모두 반납하세요.”

“저기요? 그럼 어제 카드로 결제한 것은 어떻게 된다는 건가요?”

“다 취소할 겁니다. 그리고 해당 물품은 조사가 진행되는 일주일 동

안 증거물로 저희들이 가지고 있다가 보내드리겠습니다.”

“어머! 그런 법이 어디 있어요?”

성주는 어이가 없었다.

“이 정도로 끝나는 것을 다행으로 아세요. 경찰청 자체 감사에서 걸렸기 때문에 이렇게 조용히 처리하지 그렇지 않으면 아예 물건 반품도 안 돼요. 그리고 김성주 씨도 증거 조사를 위해 경찰청 왔다갔다해야 하고요.”

성주는 하늘이 무너져 내리는 느낌이 들었다. 어제 올린 매출 300만 원이 다 취소된다니 왜 이런 일이 자신에게 일어나는지 원망스러웠다.

조금 있으니 서 과장이 얼굴이 시뻘개져서 매장으로 왔다.

“아니! 성주 씨. 어제 어떤 고객에게 물건을 팔았기에 아침부터 취소가 300이나 나옵니까? 아침부터 쇼합니까? 그리고 김 부장님이 경찰청 감사실의 전화를 받았다고 하는데 성주 씨 고객들은 다 그런가요?”

서 과장은 핏대를 올리며 성주를 몰아붙였다.

“이거 뭐 아무리 잘 보려고 해도 잘하는 구석이 하나라도 있어야지. 한때는 최고 매출을 올렸다던데 그때 이런 식으로 구린내 나는 손님들에게 옷을 팔아서 그런 것 아니에요?”

“있지도 않은 말을 어떻게 그렇게 비약해서 하세요?”

“이봐요! 당신 말이야. 내가 확실하게 말해줄게. 당신네 매장, 퇴출대상 1순위야. 어디 한번 봅시다. 나뿐만 아니라 김 부장에게도 단단히

찍혔으니 얼마나 오래가는지.”

서 과장에게 일방적으로 당하고 있는데 한 남자가 매장으로 들어왔다. 일전에 한 번 온다고 한 트레이너였다.

“안녕하세요?”

상현은 성주를 보고 인사했다. 앞에 서 있는 성주와 남자의 표정을 보니 무언가 좋지 않은 일이 있음을 상현은 감지했다.

“어머! 안녕하세요? 이쪽으로 앉으세요.”

성주는 서 과장의 말을 끊고 상현을 고객 의자에 앉으라고 권했다.

서 과장은 그런 성주를 보고 어이가 없다는 듯이 매장을 나가면서 성주에게 나지막이 말했다.

“이제 매장에 남자까지 끌고 와서 노나?”

성주는 치밀어 오르는 화를 속으로 누르느라 오른손으로 자신의 허벅지를 세게 꼬집으면서 아무 대꾸도 하지 않았다.

기회를 얻기 위한 조건

성주는 마음을 가라앉히며 녹차를 한 잔 타서 상현에게 내밀었다.

"녹차 괜찮지요? 왠지 커피는 안 드실 것 같아서……."

"어떻게 제 취향을 아시네요. 연한 블랙커피는 조금 마시는데 저도 녹차를 즐겨 마셔요. 숙녀복 매장이라 그런지 여자분들만 있어서 좀 쑥스럽네요."

"어머, 그랬어요! 숙녀복이라고 하지만 부부나 커플이 함께 오는 경우가 많아서 조금 있으면 남자 손님들도 꽤 보일 거예요. 쑥스러워하실 필요 없어요."

"실은 전에 말한 것처럼 내일모레가 누나 생일이어서 옷을 선물할까

하고 왔어요. 저는 여자들 옷에 대해 잘 모르니 성주 씨가 도와주면 좋겠어요.”

“그래요. 그런데 누나면 지금 몇 살이시죠? 그리고 키랑 체격은 어느 정도 되나요?”

“저보다 세 살 많으니 42세이고요, 키는 160 정도이고 체격은, 글쎄요? 아! 저기 서 있는 분 정도 될 거예요.”

상현은 매장 입구에 서 있는 영숙이를 가리켰다.

“그래요. 특별히 선물하고 싶은 옷이 있나요? 뭐 지금은 여름이니 원피스, 아니면 투피스, 아니면 간단하게 위에 걸쳐 입을 옷도 있고.”

“무엇을 꼭 해야겠다고 결정한 것은 없고요. 우선 구경 좀 해도 되죠? 가능하면 성주 씨가 몇 개 골라줘요. 누나는 밝은 색깔을 좋아하니까 그쪽으로.”

성주는 상현과 진열장에 가서 옷을 쭉 둘러보았다. 밝은 색깔을 좋아한다는 말에 환한 꽃무늬 원피스와 원색 옷을 몇 개 내서 보여주었다.

“이거 어떠세요? 요즘 불황인데 그래도 꾸준히 나가는 인기 아이템 옷만 몇 개 골라봤어요.”

상현은 성주가 내준 옷을 둘러보다 눈에 띄는 것을 발견했다.

밝은 보라색에 앞에 레이스가 처리되어 있는 원피스다.

“성주 씨, 제가 보기에는 이것이 좋아 보이는데 어떠세요?”

“너무 튀지 않겠어요. 원색이어서…… 누님이 이런 스타일 옷을 자주

입나요?”

“꼭 그런 것은 아닌데 그냥 제가 보기에 좋아서 그래요.”

“호호! 아니 동생이 보기에 좋으면 뭐 해요? 굳이 좋아 보인다면 매형께서 보기에 좋아야죠.”

“아! 그런가요? 하하하!”

성주는 밝게 웃는 상현을 보니 천진난만한 아이 같다는 생각이 들었다. 조금 전에 있었던 안 좋은 일들이 모두 잊히는 듯했다.

“성주 씨! 바쁘실 텐데 그냥 이걸로 할게요. 그런데 이거 얼마예요? 제 예산하고 맞아야 하는데…….”

“예산을 얼마 잡으셨어요?”

“글쎄요. 제가 운동하면서 여자 손님들에게 요새 여자들 옷값이 얼마 정도 하냐고 물어보니 괜찮은 것은 대략 40에서 60 정도 말하던데, 백화점 기준으로요. 저는 50 정도 안팎에서 사려고요.”

“그래요? 이건 조금 비싼데. 70이거든요.”

“후! 비싸긴 비싸네요.”

성주는 가격을 떠나서 어떻게든 이 사람에게는 잘해주고 싶은 생각이 들었다.

“저기 상현 씨! 혹시 백화점 카드 있나요?”

“아니요. 없는데요.”

“그럼 이렇게 하면 어떨까요. 원래 이렇게 하는 것은 규정 위반이지

만 제가 가지고 있는 백화점 카드가 패밀리 카드여서 15% 할인되거든
요. 우선 제 카드로 계산하면 10만 원 정도 빠지는데, 그러면 60만 원
이고 여기에 저희 본사에서 단골 손님에게만 드리는 상품권이 있는데
제가 10만 원 상품권을 드릴게요. 그러면 50만 원에 딱 맞출 수 있을
것 같은데……."

"와! 저야 그렇게 해주시면 고맙지만 상품권까지 제게 주시면 손해
아니에요?"

"장사하는 사람이 손해 보고 팔겠어요? 그런 거 아니니까 걱정하지
마세요."

상현은 성주의 마음 씀씀이가 고맙다는 생각이 들었다.

"막내야! 가서 이 원피스 예쁘게 포장해와."

성주는 영숙에게 포장지를 사오라고 부탁하며 상현을 다시 손님 테
이블에 앉혔다.

"조금만 기다리세요. 예쁘게 포장해드릴게요."

"이거 너무 큰 신세를 지는 것 같은데 미안해서 어쩌지요."

"미안하기는요. 오히려 요즘 장사도 너무 안 되는데 와주셔서 제가
고마워요."

"저기, 여기 매장 들어올 때 보니까 같이 얘기하던 분과 서로 분위기
가 좋지 않던데…… 무슨 안 좋은 일이라도 있나요?"

"아! 아까 그분요? 저희 백화점 숙녀복 담당 과장이에요. 오늘이 저

에게는 최악의 날이네요. 아침부터 백화점 상사에게 찍히고 어제 판 물건이 몽땅 반품이 들어왔어요. 저 솔직히 지금 당장 어디론가 멀리 도망가고 싶은 심정이에요."

성주는 왠지 상현에게는 마음 편히 무엇이든 말해도 될 것 같은 생각이 들었다.

"백화점이라는 곳이 스트레스가 만만치 않네요. 성주 씨, 그래도 이런 스트레스를 떨치셔야 해요. 그렇기 하기 위해서 마음가짐을 늘 긍정적으로 하세요."

"긍정적인 마음으로 모든 일에 임하는 것이 좋은지는 알겠는데 자꾸 안 좋은 일이 생기는 것을 어떻게 해요. 이런 일이 있을 때마다 긍정적으로 살자는 다짐이 와르르 무너져요. 아주 우습게요."

"성주 씨, 세상을 산다는 것은 어떻게 보면 늘 반복되는 문제의 연속 선상에 있는 것이에요. 이 세상에 아무 근심걱정 없는 사람이 있을까요? 제정신을 놓은 사람 말고는 어느 누구도 근심걱정에서 완전히 벗어날 수 없어요. 그런데 중요한 것은 이런 문제들을 받아들이는 자세예요. 문제를 문제로만 받아들여 짜증내고 스트레스받으면서 자신에게 해를 끼치는 사람이 있는 반면, 문제를 반복되는 일상의 일로 가볍게 여기고 소모적인 스트레스를 받는 대신 이를 해결하는 것에 집중하는 사람이 있어요. 누가 현명하다고 생각해요? 당연히 후자이겠죠?"

"네. 그런데 그게 말처럼 쉽지 않아요."

“물론이에요. 그래서 우리가 평소에 긍정적인 생각을 하는 것 외에 한 가지 더 노력해야 할 것이 낙천주의자처럼 생각하는 거예요.”

“낙천주의자같이 생각한다고요? 문제가 있든 없든 간에 속 편하게 지내라 이런 말인가요? 될 대로 되라는 것은 좀 곤란하지 않나요?”

“될 대로 되라는 게 아니고 쉽게 비유하면 이런 말이 있잖아요 ‘내일 지구가 멸망할지라도 오늘 난 한 그루의 사과나무를 심겠다.’ 바로 이런 마음을 가지고 지내야 한다는 말입니다. 굳이 키워드로 말하면 ‘긍정적 낙천주의 사고’를 하라는 거예요.”

상현은 가지고 온 가방에서 메모지를 꺼내 무언가 적어 성주에게 내밀었다.

Positive + Optimism = 긍정적 낙천주의

“중요한 단어이니 마음속에 새겨두세요. 늘 이런 마음을 지니기 위해서 도움이 되는 것 한 가지 더 말씀드리면, 삶의 목표를 ‘행복 추구’라는 큰 울타리에 두라는 거예요.”

“행복 추구라! 글쎄요. 행복이란 단어, 오랜만에 들어보는데요.”

“성주 씨! 행복이라는 단어는 늘 자신과 함께 있어야 해요. 성주 씨가 지금 하는 이 일도 모두 행복을 추구하기 위한 하나의 수단이 되어야 합니다. 쉽게 말하면 성주 씨가 생각하고 행동하고 말하는 모든 것이

행복을 얻기 위한 작은 밀알이 되고 씨앗이 되어야 한다는 말이에요. 성주 씨는 지금 행복하다고 생각하세요?"

"솔직히 말하면, 요즘은 영 아니에요. 아니! 행복하다고 느낀 적이 거의 없는 것 같아요."

"그럼 성주 씨가 생각하는 행복의 기준은 무엇인가요? 돈? 명예? 건강?"

"글쎄요. 명예는 그렇게 상관이 없을 것 같고요. 돈과 건강만 있으면 행복할 것 같은데요."

"그래요. 그럼 그중에서 건강은 말할 수 없이 중요하기 때문에 굳이 행복의 요건으로 말하기보다는 행복의 기본으로 분류하죠. 기본은 반드시 스스로 알아서 갖추어야 하니까 일단 이것을 빼고 말하면 돈이 남네요."

"네. 건강하다고 가정하면 그 다음은 돈이 가장 중요한 것 같아요."

"그럼 돈은 어떻게 하면 많이 벌 수 있을까요?"

성주는 어떻게 하면 돈을 벌 수 있느냐는 질문에 옅게 웃음을 지었다.

"제가 그 방법을 알면 진작에 돈을 벌어 편하게 살지 아직도 이 일을 하고 있겠어요."

"성주 씨! 바로 그것이 잘못된 생각이에요. 성주 씨가 행복하기 위해 필요한 돈을 벌 수 있는 방법은 바로 지금 하는 이 일을 계속하는 것이에요. 사람들에게 어떻게 해서 돈을 많이 벌겠느냐고 물으면 지금 자신

의 일을 통해 벌겠다는 사람은 극소수예요. 모르겠다며 그 방법을 알려 달라고 하는 사람이 대부분이고 간혹 주식에 투자한다거나 때로 어처구니 없이 로또가 되기를 바라는 사람도 있죠.”

“생각해보니 그렇네요. 지금 내가 하는 일을 통해 돈을 벌고 있으니 앞으로 돈을 더 많이 버는 것도 바로 내가 하는 이 일을 어떻게 하느냐에 달려 있다는 건가요?”

“네, 그래요. 그렇기 때문에 성주 씨가 생각하는 행복을 얻으려면 지금 하는 이 일에 집중하여 열심히 하는 것이 최선의 방법이에요. 간단한 진리이지만 모두 망각하고 있는 것 가운데 하나지요.”

“저도 궁금한 것이 하나 있는데, 상현 씨가 생각하는 행복의 기준은 무엇인가요?”

“저요! 저도 기준이 있죠.”

상현은 메모지에 적어 성주에게 내밀었다.

행복 = 성공(Success)

“제 행복의 기준은 ‘성공’이라는 이 두 글자예요.”

“무엇을 성공하겠다는 건가요?”

“좋은 질문이네요.”

상현은 성공이라고 적은 쪽지에 추가해서 몇 글자를 더 적은 후 성주

에게 다시 내밀었다.

행복 = 성공(Success) = 내가 원하는 일을 하는 것

"제가 생각하는 성공의 정의는 제가 원하는 일을 하는 것입니다. 여기서 중요한 것은 원하는 것을 얻는 그 자체보다는 원하는 것을 얻기 위해 지금 무언가 하는 것입니다."

상현은 다시 쪽지에 몇 글자를 더 적어서 성주에게 건네주며 말을 이어나갔다.

행복 = 성공(Success) = 내가 원하는 일을 하는 것
　　　　　　　　　　 = 가슴 뛰는 일을 하는 것

"어떻게 보면 내가 원하는 일이라는 것을 다른 말로 하면 어떤 일을 함으로써 내 심장이 뛰는 것을 느끼고 열정이 솟는 것을 느끼는 그런 일이라고 생각해요."

"맞는 말 같아요. 그런데 지금 가슴 뛰는 일을 하고 있는 사람이 얼마나 될까요?"

"맞아요. 그렇게 많지 않습니다. 하지만 그건 어떻게 보면 그런 일을 찾지 못했거나 찾으려고 하지 않은 사람들의 변명일 수 있습니다. 성주

씨는 지금 하는 일을 어떻게 생각해요?”

“저요! 저는 솔직히 이 일 자체는 좋아해요. 좋아해서 어렸을 때 시작했고요. 벌써 이 일을 한 지 15년이 다 되어가는데요. 하지만 최근에는 일에 대한 강렬한 애착을 잘 느끼지 못해요. 그냥 오래되다 보니 제가 이 일을 처음 할 때처럼 재미있고 흥분되기보다는 일상의 한 부분이 된 것 같아요. 왜 끼니때 되면 늘 밥 먹듯이 말이에요.”

“그래요. 우선 지금 하는 일을 좋아한다는 것은 다행이네요. 아무런 느낌 없이 그저 일이니까 마지못해 하는 사람도 생각보다 많아요. 일단 일 자체는 좋아하신다면 방금 말씀하신 매너리즘에 빠지지 않게 주의하시면 돼요. 특히 강조하고 싶은 것은 지속적으로 끊임없이 자기반성을 해야 한다는 것입니다.”

상현은 가지고 있는 쪽지에 뭐라고 적어서 성주에게 건넸다.

지속적이고 끊임없는 자기반성

“만일 어떤 사람이든지 하루에 세 가지 이상을 반성하며 인생을 살아간다면 처음 가졌던 가슴 뛰는 일에 대한 순수한 열정은 그날그날의 반성과 더불어 더 빛을 발하고 더욱더 커져갈 거예요. 결국은 과거에 대한 반성 없이 현재를 맞이하기 때문에 매너리즘이 오게 되는 거지요.”

“그래요. 저 자신도 잘못된 일을 반성하고 뉘우친 적이 없는 것 같네

요. 그러다보니 나쁜 습관이 점점 몸에 배는 것 같고요.”

이때 영숙이 포장을 마친 예쁜 상자를 들고 왔다. 영숙은 포장 상자를 성주에게 건네며 상현의 얼굴을 유심히 보았다.

“매니저님, 포장 다 됐어요.”

“그래, 수고했어.”

“저, 그럼 이만 가볼게요. 오늘 좋은 말씀 많이 나누고 옷도 싸게 해 주셔서 고맙습니다. 제가 다른 건 해드릴 게 없고 운동하러 오시면 잘 가르쳐드릴게요. 운동 빠지지 말고 꼭 오세요. ‘몸의 습관화’ 아시죠?”

“네. 알아요. 몸의 습관화! 그럼, 들어가세요.”

성주는 엘리베이터로 걸어가는 상현을 바라보았다. 같은 대화이지만 어쩌면 상현과 한 대화와 좀전에 서 과장과 한 대화가 이렇게 다를 수 있을까 하는 생각이 들었다.

성주는 테이블에 있는 쪽지들을 손에 들고 거기 적힌 단어의 의미를 마음속에 다시 새겨보았다. 잊지 않기 위해서…….

기회를 얻기 위한 조건, 행복 추구

긍정적 낙천주의

삶의 목표를 '행복 추구'라는 큰 울타리에 두자. 지금 생각하고

행동하고 말하는 모든 것이 행복을 얻기 위한 작은

밀알이 되고 씨앗이 되어야 한다.

행복 = 성공 = 내가 원하는 일을 하는 것 = 가슴 뛰는 일을 하는 것

원하는 것을 얻는 그 자체보다는 원하는 것을 얻기 위해 지금

무언가 하고 있을 때 행복을 느끼자. 심장이 뛰고

열정이 솟는 그런 일을 하자.

지속적이고 끊임없는 자기반성

하루에 세 가지 이상을 반성하며 인생을 살아간다면 처음 가졌던

가슴 뛰는 일에 대한 순수한 열정은 그날그날의 반성과

더불어 더 빛을 발하고 더욱더 커져간다.

잘못된 선택

성주는 며칠 전부터 아침에 일찍 일어났다. 8시가 넘어야 일어나던 성주는 이제 기상시간을 7시에 맞추어놓았다. 아침에 조금 일찍 일어나니 무엇보다도 조카 진호와 재훈이가 학교 가기 전에 얼굴을 볼 수 있어 좋았다. 아침에 가볍게 조깅하기 위해 방을 나서면 형제가 나란히 할머니가 차려준 밥을 먹고 있다.

아침 7시여도 햇살이 따갑게 느껴졌다. 집에 돌아오니 정확히 7시 50분이다. 샤워를 하고 긴단히 밥을 먹고 집을 나섰다. 이제는 백화점까지 택시를 이용하지 않고 걸어다닌다. 거리가 2km 정도 되지만 조금씩 익숙해져서 그런지 20분 정도면 충분히 백화점에 도착한다. 이렇게 아침 시간을 알차게 쓰고 출근하니 기분이 좋다. 아침마다 허둥지둥하며

식사도 매일 거르다시피 하는 아침 습관이 잘못된 줄 알면서 왜 빨리 바꾸지 않았을까 후회되었다.

매장에 도착하니 영숙이 청소를 하고 있었다.

"막내야! 안녕. 좋은 아침!"

"나오셨어요. 요즘은 매일 일찍 나오시네요. 그리고 출근하는 차림도 청바지에 운동화……. 정말 오랜만에 봐요."

"응! 집에서 운동 삼아 걸어오는데 구두 신고 걷기는 좀 그렇잖아. 다리에 무리도 가고. 그러니 자연스럽게 운동화를 신게 되고 신발에 옷을 맞추자니 청바지를 입게 되고. 그래서 심플한 블라우스로 포인트를 주었는데 어때? 나 어려 보이니?"

"뒷모습만 보면 대학생 같아요."

"그럼 앞모습은 어떻고?"

"호호호! 앞모습은 솔직히 학생처럼 보이지는 않고요. 막 결혼한 새색시 정도랄까요. 매니저님, 한 5년은 젊어 보여요. 보기 좋아요."

"고맙다. 그나저나 막내야! 우리 최근에 매출이 너무 부진하지?"

"네. 조금 그래요."

"그럼 우리 매장 분위기 확 바꿔볼까?"

"어떻게요?"

"일단 옷 배열을 다시 하고 지금 마네킹이 입고 있는 옷을 다른 것으로 바꾸어보자."

“네. 뭐부터 바꿀까요?”

성주는 우선 그나마 잘나가는 옷들을 고객들에게 잘 보이도록 재배열했다. 그리고 마네킹 옷은 며칠 전에 패션 잡지에서 눈에 띄어 오려둔 스타일로 꾸몄다. 영숙과 함께 매장 전체 분위기를 확 바꾸고 나니 기분까지 상쾌해졌다. 역시 바쁘게 움직여야 무언가 열정의 에너지가 나오는가 보다.

아침에 매장 정리를 새로 하고 나서 기분 좋게 시작했으나, 오전에는 손님이 한 사람도 오지 않았다. 오후에는 모처럼 그런대로 손님이 있어 매출을 조금 올렸다. 손님이 왔다가 빠지고 잠깐 쉬고 있을 때 순정에게서 전화가 왔다.

“성주야! 난데. 오늘 저녁에 시간 되니?”

“왜! 저녁이라도 같이 하게? 나 운동 가는 것 말고 특별한 일은 없는데…….”

“그래. 그럼 내가 전에 말했듯이 서 과장과 자리를 한번 만들어볼 테니 오늘 한번 먹여보자.”

“순정아! 그때는 그렇게라도 할까 생각했는데 그만두는 게 좋을 것 같아. 우리 하지 말자.”

“뭔 소리야! 내가 아까 서 과장 만나서 운 다 띄워두었는데. 야! 그냥 오늘만 눈 딱 감고 서 과장 비위 한번 맞춰주자. 우리 찍혀서 앞으로 더

힘들면 힘들었지 좋아질 희망이 없어. 그리고 곧 퇴출 대상 매장도 정한다고 하는데 지금이 절호의 기회야. 지금 잘해두면 앞으로 도움이 되면 되었지 손해 볼 것은 없다고. 응! 성주야, 같이 나가자.”

성주는 내키지 않았지만 이틀 전에 매장에 와서 두고 보자고 큰소리치고 간 서 과장을 생각하니 앞으로 일이 겁이 나기도 했다.

“그래! 알았어. 그런데 어디서 접대하려고?”

“우선 서 과장이 회를 좋아한다고 하니까 전에 우리 모임 하던 산호섬 횟집에서 만나는 걸로 하자. 그리고 2차 가서 한잔 더 마시고……. 너도 알지만 서 과장 노는 것 좋아하잖아. 오늘만 그 사람 비위 좀 맞춰주고 같이 놀아주자. 알았지?”

“순정아! 난 정말 내키지 않는데, 저번에 약속한 것도 있고 하니 갈게. 그런데 그 사람 비위 맞추며 놀 자신은 없다. 그냥 식사하는 자리까지만 너 옆에 따라다닐게.”

“그래! 알았어. 산전수준 다 겪은 내가 알아서 놀아줄 테니 넌 참석해서 자리만 빛내라.”

순정의 반 강요 때문에 간다고는 했지만 영 내키지 않았다. 하지만 같이 일하는 서 과장과 지금처럼 껄끄러우면 자신에게도 도움이 되지 않을 것이라고 생각하니 사석에서 만나 얘기해볼 필요도 있다는 생각이 들었다.

저녁 8시 반에 약속이 잡혔다. 성주와 순정은 택시를 타고 약속 장소로 향했다. 순정은 오늘 따라 옷을 신경 써서 입고 나왔다. 무엇이든지 프로의식이 강한 순정을 보며 정말 대단하다는 생각이 들었다.

어느새 택시는 약속장소인 산호섬 횟집에 도착했다. 안내를 받아 방으로 들어가니 서 과장이 벌써 와 있었다. 그리고 서 과장 옆에 낯이 익은 남자가 앉아 있었다.

"어머! 빨리 오셨네요? 저희가 늦은 건 아니죠?"

순정과 성주는 맞은편 자리에 앉았다.

"그럼요! 제가 좀 빨리 왔어요. 다른 자리도 아니고 그래도 매장에서 고참인 성주 씨와 순정 씨가 부르는데 빨리 와서 기다려야죠. 참 옆에 있는 친구와 인사하세요. 4층 골프 의류와 골프용품 매장을 담당하고 있는 이정섭 과장입니다. 왔다 갔다 하며 서로 안면은 있죠?"

"네. 안녕하세요? 저는 3층 이노스 매장에 있는 김성주예요. 그리고 옆 친구는 산드라 매장 김순정 씨고요. 얼굴은 낯이 익네요. 여기서 근무하신 지 이삼 년 되셨죠?"

이 과장은 보통 키에 통통한 체격이었다. 골프 매장을 담당해서 그런지 골프웨어 티셔츠를 입고 있었다.

"네. 올해로 2년째입니다. 눈썰미가 있으시네요. 백화점에 근무하는 사람이 한두 명이 아닌데 그래도 저를 기억하시는 걸 보니. 오늘 퇴근하다가 우연히 자리에 동석하게 됐습니다. 실례인 줄 알면서 동창인 서

과장에게 이끌려 여기까지 오게 되었습니다.”

“아유! 이 과장님, 잘 왔어요. 저도 이 과장님 알아요. 골프 매장 그린웨어 매니저 희숙이가 저랑 친하거든요. 이 과장님 얘기 많이 하던데요. 그렇게 자상하다면서요?”

옆에 있는 순정이 말을 건넸다.

“그렇게 좋게 말했나요. 하하하! 그럼 염치불구하고 동석을 허락하신 걸로 알겠습니다. 고맙습니다.”

와이셔츠 소매를 걷던 서 과장이 테이블에 있는 콜 단추를 누르며 말했다.

“자! 이렇게 만나기도 쉽지 않고 또 어떻게 오늘 짝짝이도 딱 맞네. 고리타분한 통성명 그만하고 술 한잔 합시다. 아가씨! 여기 소주 좀 갖다줘.”

그렇게 술자리가 시작되었다. 술이 한잔 들어가자 서 과장은 요즘 매출 때문에 얼마나 스트레스를 받는지 하소연했다. 그러면서 갑자기 맥주를 가져오라고 했다. 순정이 횟집에 어울리지 않게 웬일이냐는 듯 물었다.

“과장님! 갈증 나세요? 맥주를 시키시게.”

“그런 것이 아니고, 자! 애들도 아니고 우리 일단 소맥으로 폭탄주 한잔씩 마시고 시작합시다. 괜찮지?”

서 과장은 술이 한 잔 들어가니 말을 놓기 시작했다.

“어머! 과장님. 전 섞어서는 못 마셔요. 사양할래요.”

성주가 말했다.

"못 먹는 게 어디 있어? 이 업계 있으면 폭탄주는 기본 아닌가? 성주 씨, 오늘 자리도 자리인데 내 체면 좀 살려줘라. 이 과장이 애들 교육 어떻게 했는데 술을 빼느냐고 그러겠네."

말도 안 되는 이유를 들어 맥주에 소주잔을 떨어뜨려 폭탄주를 만들어 들이대니 어쩔 수 없었다. 모두 원샷 한 터라 뺄 수 없어 눈을 감고 들이마셨다. 그 순간 정신이 아찔했다. 그렇게 마신 술이 횟집에서 나올 때 보니 소주 8병에 맥주 4병이었다. 성주는 정확히 얼마나 마셨는지 모르지만 이미 주량을 넘어섰다.

서 과장은 계산하고 나오는 순정과 성주를 보더니 바로 2차를 가자고 했다.

"그래요. 2차 가야죠. 그런데 어디 아는 데 있어요?"

성주보다는 술이 강한 순정은 2차 가자는 말에 맞장구를 쳤다.

"내가 잘 가는 데가 있는데 그리로 가지. 여기서 멀지 않아. 성주 씨 뒤에 따라오지 말고 같이 갑시다."

서 과장은 그렇게 말하며 성주의 어깨에 팔을 올렸다.

성주는 어차피 2차까지는 가야 할 것 같아 조금 어지러운 듯했지만 따라갔다.

서 과장이 안내한 곳은 이화 가요주점이라는 간판을 달고 있는 술집이었다. 화려하게 반짝이는 네온사인과 입구에 장식되어 있는 소품들

을 보니 고급 술집이라는 것을 알 수 있었다.

"어머, 서 과장님! 오랜만이네요. 어! 오늘도 여자분들을 데리고 오셨네. 인기 많으신가 봐요."

"어이! 마담언니. 룸 하나 줘봐."

마담이라는 여자의 안내를 따라 VIP라고 적힌 룸으로 들어갔다. 삼면으로 넓은 소파가 있고 테이블에는 술을 마시기 좋게 세팅되어 있었다.

서 과장은 성주더러 자기 옆에 앉으라며 손을 잡아 끌었다. 성주는 속이 거북하고 어지러운 탓에 서 과장이 끄는 힘에 이끌려 옆에 앉았다.

"마담! 여기 내가 평소에 마시는 것 좀 가져다줘. 블랑스 17년산 있지? 맥주도 주고."

서 과장의 술 주문이 끝나자 마담은 놀라는 척하더니 즐거운 듯 나갔다. 순정은 이 과장이라는 분과 테이블 맞은편에 앉더니 노래책을 가지고 와 부를 노래를 골랐다.

"과장님! 한 곡하세요."

순정이 노래책을 서 과장에게 내밀며 말했다.

곧이어 양주와 맥주 그리고 안주가 줄줄이 들어왔다. 서 과장은 웨이터에게 팁이라면서 돈을 건네며 한마디 했다.

"오늘 확실히 좀 모셔라. 알았지?"

확실히 모시라는 말에 웨이터는 가지고 온 양주를 따서 한 잔씩 따랐다.

서 과장은 술을 보자 또 기회라도 잡은 듯이 능숙하게 맥주에 양주를

섞어 폭탄주 넉 잔을 만들었다.

"과장님! 이건 정말 무리예요. 지금도 어질어질한데 이것 먹고 정신 잃으면 책임질 거예요?"

순정은 서 과장에게 못 마신다고 손을 가로저으며 말했다.

"아이고! 순정 씨는 책임 못 집니다. 혹시 성주 씨가 책임지라면 모를까? 하하하! 자! 새로운 곳으로 왔으니 여기서 이것까지만 한잔 깔끔하게 마시고 이제부터는 각자 주량껏 마십시다. 자! 건배! 오늘의 만남을 위하여!"

서 과장은 신이 났다. 서 과장의 건배 재촉에 이 과장은 사양하는 몸짓을 하다가 하는 수 없이 건배를 하고 마셨다. 성주는 순정을 쳐다보았다. 순정은 이것까지는 마셔주자는 눈짓을 했다. 성주는 눈을 감고 쭉 마셨다. 취해 있어 그런지 처음 소맥 폭탄주를 마셨을 때와 달리 술이 단숨에 목으로 넘어갔다. 술이 술을 먹는다는 말이 이런 상황에 나오는구나 하는 생각이 성주의 머리에 스쳐갔다.

"아유! 우리 성주 씨 대단한데. 이렇게 술 잘 먹는지 몰랐어."

서 과장은 옆에 있는 성주를 부추기며 말했다. 그러면서 이미 어깨에 올려놓았던 손으로 성주의 어깨를 위아래로 쓰다듬었다.

성주는 어차피 여기까지 기분 맞춰주려고 온 이상 이 정도 손버릇은 혀를 살짝 깨물며 참기로 마음먹었다.

순정이 먼저 노래를 부르기 시작했다. 순정이 비트 강한 디스코풍으

로 분위기를 띄웠다. 순정이 노래가 끝나자마자 성주의 평소 애창곡인 엄정화의 '페스티발'을 눌러주었다. 성주는 차라리 서 과장 옆에 있는 것보다 노래 부르는 것이 낫겠다 싶어 앞으로 나갔다. 흥겨운 노래가 시작되자 서 과장도 따라나와 춤을 추기 시작했다. 서 과장 옆에서 벗어나려고 노래를 부른 것은 오산이었다. 서 과장은 노래 부르는 내내 성주 뒤에서 두 손을 성주의 어깨에 올리고 노골적으로 어깨를 쓰다듬기 시작했다.

성주는 온몸이 굳어지는 것 같았다. 하지만 술 탓인지 다리에는 점점 힘이 없어졌다. 간신히 노래를 끝내고 나니 옆에 있는 이 과장이 요즘 유행하는 발라드곡을 부르기 시작했다.

그때 자리에 들어가려는 성주를 서 과장이 잡아 끌었다.

"노래도 좋은데 같이 스텝 한번 밟지."

서 과장이 마치 오래된 연인이나 되는 것처럼 말을 놓으며 자리에 들어가려는 성주를 자기 앞으로 세웠다. 성주는 옆에서 같이 노래 부르는 순정을 바라보았다. 순정은 성주를 보며 검지손가락을 들어 한 번만 응해주라는 신호를 보냈다. 머뭇거리고 있는데 서 과장은 기회를 놓칠 수 없다는 듯 성주의 허리를 오른손으로 휘어잡고 자기 가슴 쪽으로 바싹 끌어당겼다. 성주는 폭탄주 탓인지 정신이 점점 흐릿해지는 것을 느꼈다. 이 과장의 노래는 거의 후반부에 다다르고 있었다. 옆에서 같이 노래 부르는 순정과 이 과장을 확인한 서 과장은 재빨리 왼손을 성주의

블라우스 안쪽으로 넣었다. 그리고 단숨에 브래지어까지 손이 들어왔다. 순간 성주는 이상한 느낌에 자기도 모르게 반사적으로 온힘을 다해서 과장을 밀어내면서 제풀에 벽에 부딪쳐 풀썩 주저앉았다. 그때 성주의 블라우스 단추 두 개가 서 과장 손에 걸려 바닥에 나뒹굴었다. 그러자 서 과장은 재빨리 이 과장과 순정의 눈치를 보며 성주에게 가 부축하는 시늉을 하면서 큰 소리로 말했다.

"아이! 참. 성주 씨가 많이 취했네. 춤을 추다가 이렇게 주저앉기를 다하고."

서 과장의 말에 놀란 순정이 성주에게 다가왔다. 맥이 풀려 주저앉아 있는 성주는 블라우스 단추가 떨어져 가슴이 헤쳐져 있었고, 그 사이로 분홍색 브래지어가 가슴살을 타고 올라가 있었다. 서 과장이 재빨리 말했다.

"이거 참! 춤을 추다가 갑자기 휙 쓰러지는 것을 잡으려다 단추가 나가버렸네. 성주 씨, 이거 미안해서 어쩌지?"

성주는 서 과장을 밀어내고 주저앉아 있었지만 취해서인지 정신이 없었다.

"어머! 성주야! 정신 차려봐. 내가 폭탄주를 마시지 말라고 하는 건데 큰일이네. 이렇게 취할 줄 몰랐는데."

옆에 있던 이 과장이 취한 성주를 보고 순정에게 말했다.

"순정 씨! 안 되겠어요. 제가 콜택시 부를게요. 집으로 모시고 가야

할 것 같은데. 너무 취했어요."

이 과장은 순정과 함께 주저앉아 있는 성주를 소파에 앉혔다. 자리에 앉혀졌지만 성주 머리는 다시 소파로 힘없이 떨어졌다.

서 과장은 탁자에 있는 술을 마시며 불쾌한 듯 말했다.

"에이! 이거 쪽 팔리게 술 몇 잔에 이렇게 가야 되겠어. 참! 술 맛 다 가네."

순정은 서 과장의 말에 약간 미안한 표정을 하며 말했다.

"과장님! 저희가 밥 한 끼 산다고 모셔서 안 좋은 모습만 보여주네요. 얘가 원래 술이 약한데 과장님이 주시는 거라 거절하기도 뭐 하고 그냥 마시다 보니 이렇게 취해버렸어요. 과장님, 택시 오면 제가 성주 데리고 갈게요. 여기서 이 과장님과 더 드시고 가세요. 여기 마담에게 술값은 저희가 계산한다고 말해두었어요. 더 드시고 싶은 것 있으면 시켜서 드세요."

"그래? 에이, 그럼 그렇게 하지. 기분 좀 내려다 이게 뭐야!"

콜택시가 도착하자 순정과 이 과장은 성주를 부축해 택시에 태웠다.

"이 과장님! 미안해요. 먼저 갈게요. 서 과장님과 더 놀다 가세요."

"아니에요. 잘 모셔다 드리고 조심해서 들어가세요. 저도 서 과장에게 말하고 바로 가려고요. 그럼."

성주와 순정을 배웅한 이 과장은 다시 술집으로 들어갔다. 한쪽에서 서 과장이 양주를 마시고 있었다.

“이 과장, 빨리 와. 술이나 마시자고. 이거 미안하네. 오늘 애들은 얼굴은 괜찮은데 접대가 영 아닌데. 재미 좀 보라고 불렀는데 미안하네.”

서 과장 말에 이 과장은 어이가 없다는 듯 말했다.

“서 과장! 너, 원래 이런 놈이었니? 너 이러면 안 되는지 알아 몰라? 정신 차려 임마!”

“야! 왜 갑자기 잘난 체하는 거야. 술맛 떨어지게. 안 마시려면 너도 가. 자식아.”

“더 있으라고 해도 안 있는다. 너무한다고 생각하면서 계속 참고 앉아 있었는데 너 원래 그렇게 손버릇 안 좋았니? 술 취한 사람 가지고 뭐 하는 거야?”

“봤어? 조금만 더 있었으면 좋았을 텐데……. 에이!”

그때 마담이 룸 안으로 들어왔다.

“마담! 여기 술 세팅 다시 하고, 여기 애들 있지. 여기서 가장 괜찮은 애로 하나 데려와 봐. 내가 좋아하는 타입 알지?”

서 과장 말에 마담은 눈치를 채고 나갔다.

이 과장은 어이가 없는지 나가면서 한마디했다.

“서 과장! 다음부터 나 아는 체하지 마. 그리고 어디 가서 나랑 대학 동창이라는 말도 하지 마. 정신 나간 놈!”

서 과장은 이 과장이 던진 말에는 전혀 개의치 않고 계속 술을 마셨다. 이윽고 술과 함께 앳되어 보이는 아가씨가 들어왔다.

충고 그리고 다가옴

성주는 머리가 깨지는 듯한 아픔을 느끼며 눈을 떴다. 시계는 아침 8시 30분을 가리키고 있었다. 어젯밤에 어떻게 집에 왔는지 도무지 기억이 나지 않았다. 술에 취한 기억 그리고 2차로 간 주점에서 마셨던 폭탄주……. 그리고 무언가 불쾌한 일이 있었던 것 같은데 기억나지 않았다. 성주는 거실로 나와 엄마에게 물었다.

"엄마! 나 어제 어떻게 왔어요?"

"일어났냐? 너, 이리 좀 앉아봐."

평소답지 않게 엄마는 조용히 성주를 식탁 쪽으로 불러 앉혔다.

"성주야! 너 요새 무슨 힘든 일 있니? 있으면 내게 말해봐."

"엄마! 그런 것 없어요."

"아니, 어제 순정이가 전화해 너 술 취했으니 진호 좀 잠깐 아파트 입구로 내려보내라고 해서 진호가 나갔는데, 널 업고 들어오더라. 아무리 그래도 그렇게 정신을 놓을 때까지 술을 마시면 어떻게 해. 진호도 어쩔 줄 몰라서 너 돌본다고 잠 한숨 못 자고 네 옆에 있다가 방금 학교 갔다."

"어머! 그랬어요. 애들에게 보여주어서는 안 될 것을 보여줬네. 엄마, 미안해요. 어제는 그냥 오랜만에 순정이랑 술 한잔 하다 보니 어떻게 그렇게 됐네."

"그래! 더 묻지 않으마. 사람이 때론 그럴 수 있으니. 하지만 다음에는 절대 그래서는 안 돼. 요즘 세상이 얼마나 험한지 너도 잘 알지? 콩나물국 끓였으니 해장하고 출근해."

무엇보다도 진호가 마음에 걸렸다. 지금까지 술은 가끔 마셨어도 이렇게까지 정신을 잃고 집에 들어온 적은 한 번도 없었다. 적지 않게 놀랐을 진호를 생각하니 마음이 편치 않았다.

엄마가 끓여준 콩나물국을 먹으니 머리 아픈 것이 조금 가시는 것 같았다. 출근하기 위해 방에 들어오니 침대 옆에 쪽지가 있었다. 성주는 떨리는 손으로 쪽지를 펴보았다.

고모! 진호예요.

고모가 이렇게 자고 있는 모습을 오랜만에 보네요. 술에 취한 모습이

지만 고모가 자는 모습은 아직도 천사같이 곱고 예뻐요.

고모! 요새 많이 힘들죠?

고모 고생하는 것 잘 알고 있어요. 그리고 재훈이랑 저랑 이렇게 잘

돌봐줘서 고마워요. 정말 고마워요.

저희가 조금만 더 크면 정말 잘 해드릴게요. 이 은혜 잊지 않겠어요.

요즘 아침에 일찍 일어나 운동도 하고 표정도 많이 밝아져서 보기 좋

아요.

고모! 힘내세요. 우리가 있잖아요.

혹시 우리 예쁜 고모 귀찮게 하는 사람 있으면 제게 말하세요.

제가 애들 풀어서 혼내줄게요.

고모, 어제 업어보니 너무 가볍더라. 체력이 국력이에요.

많이 먹고 살 좀 쪄요.

— 진호 올림

쪽지를 읽고 난 성주는 눈물을 떨어뜨렸다. 여느 애들처럼 그렇게 잘 해주지도 못하는데 바르게 자라는 애들을 보면 고마운 마음이 절로 든다. 옆에서 든든하게 자신을 지켜주는 진호와 재훈이. 성주가 악착스럽게 살 수 있게 힘이 되는 두 아이가 정말 자랑스러웠다.

"그래! 나한테 사랑하는 가족이 있는데 힘들 게 뭐가 있어! 이런 것쯤 아무것도 아니야."

성주는 다짐이라도 하듯이 혼잣말로 중얼거렸다. 성주는 서둘러 출

근했다. 출근하자마자 순정이 성주의 매장으로 달려왔다.

"성주야, 너 괜찮니?"

"응! 어제는 내가 너무 취했지. 미안해. 나 집에 데려다주느라 힘들었겠다."

"아니! 그런 거는 되었고 나 참 기가 막혀서. 어제 우리가 먼저 나오면서 서 과장에게 더 마시고 오라고 그쪽 마담에게 내 카드를 주고 왔어. 내가 나올 때까지는 분명히 술값이 30만 원 나왔었거든. 그런데 오늘 얼마 나왔는지 확인해보니 기가 막히더라."

"얼마나 나왔는데. 거기서 더 마셔봐야 이삼십 더 나오지 않았겠니?"

"너 놀라지 마라. 120만 원 계산되었더라고. 그래서 내가 마담에게 전화해서 왜 이렇게 많이 나왔냐고 물었더니, 이 인간이 우리 가고 난 다음에 아가씨 불러서 놀다가 데리고 나갔다고 하더라고……. 벼룩의 간을 빼먹지 어떻게 그럴 수 있니?"

"같이 오신 이 과장도 함께 있었대?"

"아니! 그건 아니고. 우리 콜택시 잡아주고 이 과장은 바로 갔다고 하던데, 거기 마담이. 참! 그리고 이 과장 그 사람 괜찮더라. 너 취했다고 업어서 택시에 태워주었는데 나한테 전화까지 했어. 어제 네 집에 거의 도착했을 때 잘 갔냐고? 어떻게 같은 과장인데 그렇게 다르니?"

"순정아! 어제 우리가 잘못한 것 같아. 서 과장과 껄끄러운 것을 그런 식으로 푸는 게 아니었는데 방법이 옳지 않았던 것 같아. 다 잊자. 혹시

어제 나 실수한 것 없니? 아침에 보니 블라우스 단추가 떨어져 있던 데……."

"야! 무슨 말이야. 어제 든 돈이 얼마인데. 50만 원 예산했다가 횟집까지 더하면 150만 원 가까이 나왔어. 먹었으면 그만큼 해야지. 그리고 너, 어제 말도 마. 내가 폭탄주를 마시지 말라고 했어야 하는데 너 그것 마시고 완전히 뻗었어. 그래도 서 과장하고 블루스는 잘 추던데."

"내가 서 과장하고 춤을 췄어! 말도 안 돼. 난 생각이 하나도 안 나."

"그래, 생각 안 나는 것이 속 편할 거야. 찰싹 붙어서 추기에 나도 네가 어째 평소답지 않게 이상하게 보이더라. 하여튼 춤추다가 정신을 잃고 푹 쓰러지는 바람에 단추도 떨어지고 그랬나 봐."

"응! 그랬구나. 정말 어제 실수 많이 했네. 순정아, 어제 일은 다 잊자. 앞으로 다시는 그런 방법으로 사람 관계를 어떻게 해보려고 하지 말자. 어리석은 일인 것 같아."

"아이고! 알았어. 또 바른 소리 시작하기 전에 가련다. 수고! 점심에 해장국이나 먹자."

어제 서 과장과 춤을 추었다는 것이 자꾸 마음에 걸렸다. 그리고 명확하지는 않지만 무언가 기분 나쁜 느낌을 받았던 것 같은데 도무지 생각이 나지 않았다.

매장 막내가 전화가 왔다며 바꿔주었다. 그러면서 막내가 작게 말했다.

"매니저님! 남자."

"이노스 김성주입니다."

"안녕하세요. 성주 씨. 어제 뵈었던 이정섭 과장입니다. 어제는 잘 들어가셨죠?"

"안녕하세요? 이 과장님. 어제 제가 실례를 너무 많이 한 것 같아 죄송해요. 저 때문에 수고 많이 하셨다는 얘기 순정이한테 들었어요."

"아이고! 수고는요. 걱정돼서 전화해봤어요. 어제는 오히려 제가 괜한 자리에 끼어서 실례가 많았습니다. 저기! 서 과장도 출근했죠?"

"아직 매장에 돌아다니시는 것은 못 뵈었어요."

"저기, 성주 씨!"

"네?"

"제가 해도 괜찮은 말인지 모르겠지만 성주 씨! 남자 조심하세요."

이 과장의 말을 듣는 순간 성주는 어쩌면 서 과장이 자신에게 집요하게 집적거리는 것이 마음에 걸려서 하는 말이라는 느낌이 들었다.

"네. 무슨 말인지 알겠어요. 조심할게요. 저기 이 과장님! 오늘 순정이랑 점심 같이해요. 두 분 다 어제 저 때문에 수고했으니 제가 해장국 사드릴게요. 서 과장은 빼고요."

"그래요. 12시에 지하 식당가 로비에서 만나죠."

어제 처음 만났지만 소문대로 마음 씀씀이에서 따뜻함이 느껴졌다. 그리고 무엇보다 적절한 충고도 성주에게 직접 하는 점이 마음에 들었다.

유혹 그리고 위기 탈출

7월도 벌써 10일이나 지났다. 7월은 의류업계에게 가장 최악의 달이다. 본격적인 휴가가 시작되어 사람들은 산과 들로 떠나고 백화점에 들르는 손님도 점점 줄어든다. 여름 옷은 이미 대부분의 고객이 6월에 구입한 터다. 8월은 그래도 가을에 대한 기대감으로 가을 옷을 미리 구입하는 고객이 있어 어느 정도 매출을 기대하지만 7월 매출은 뚜렷한 반전의 기회가 보이지 않는다. 성주는 작년 판매수첩을 들여다보았다. 작년 7월 매출 4,200만 원. 모두 매출이 부진한 7월이 문제가 아니라 작년 대비 매출실적이 문제였다. 10일이 지난 지금 매출은 가까스로 1,000만 원 정도를 올렸다. 이대로 간다면 월 매출은 3,000만 원 정도밖에 기대하지 못한다. 그러면 30% 정도

역신장이다. 퇴출 대상을 8월 말에 발표하겠다는 백화점의 으름장에 성주의 고민은 점점 더해갔다.

"어떻게 하면 되지! 어떻게 해야 할까?"

아무리 생각해도 별 뾰족한 수가 생각나지 않았다. 하지만 이대로 주저앉을 수는 없었다. 15년 동안 이 일을 하면서 우여곡절을 겪었는데 여기서 주저앉는다면 나이도 있기 때문에 더 갈 곳이 없다. 앞으로 한 달 반 정도 남았다. 어떻게 해서든지 이 기간에 매출을 정상으로 올려 놓지 않으면 퇴출이라는 방망이를 피할 수 없다. 마음만 점점 초초해지고 매출 걱정에 식욕도 없었다.

성주는 여름을 크게 타지 않지만 올 여름에는 유난히 고민한 탓인지 몸무게가 2kg이 빠져 46kg이 되었다. 169cm로 작지 않은 키지만 너무 말랐다는 생각이 들었다. 나이 때문인지 가장 먼저 볼살이 빠졌다. 약간 통통한 볼에 보조개가 있어 귀엽게 보였는데 볼살이 빠지다 보니 자신이 점점 초라해진다고 느껴져 자신감마저 떨어졌다. 오늘도 간신히 100만 원 매출을 올리고 백화점을 나섰지만 발걸음에 힘이 없었다. 스트레스가 인생을 망가뜨리는 최대의 적이라는 것을 누구보다도 확실히 알지만 마음이 자신의 뜻대로 조절되지 않았다. 오늘은 운동도 하고 싶지 않았다. 헬스클럽에 들르려다 발길을 집으로 돌리며 자신에게 되뇌었다.

"운동도 습관화가 중요한데. 몸의 습관화…… 알면서도 못하네. 이

러면 안 되는데……."

이 무렵 백화점 사무실에서 김 부장과 서 과장은 숙녀복 7월 중간 판매실적을 보며 대책회의를 하고 있었다.

"서 과장! 예년보다 성장은 관두더라도 마이너스가 뭔가? 6월부터 계속 하향 추세로 가면 어떻게 해. 대체 뭐가 문제야?"

"부장님, 죄송합니다. 나름대로 열심히 한다고 하는데 쉽게 회복되지 않네요. 7월이 비수기인 것은 맞지만 그래도 너무 안 되어 저도 고민하고 있습니다."

"이봐! 고민만 해서 되나. 뭔가 액션을 취해야지. 만날 물어보면 고민 중이라고 하고. 당신 머리는 고민만 하는 머리인가?"

"죄송합니다. 매장 중에 특히 매출을 안 받쳐주는 브랜드가 좀 있다 보니까 실적이 더 부진한 것 같습니다."

"그래, 내가 일전에 말한 평가작업은 계속하고 있나?"

"네. 계속하고 있습니다. 8월까지 실적을 내서 최종 리스트를 만들려고 합니다."

"하위 20%를 차출한다고 한 것은 사실 군기를 잡기 위해 엄포를 놓은 것도 있지만 하여튼 우선 하위 20%를 선정하여 거기에서 10% 정도로 조정하는 것으로 하지. 이럴 때 우리도 목에 힘 좀 주고 애들 군기 좀 잡아야지. 안 그래?"

김 부장은 회심의 미소를 보내면서 서 과장을 쳐다보았다.

"당신 숙녀복 중 야누스 있지?"

"네."

"거기는 요즘 실적 어때?"

"잠깐만요?"

서 과장은 가지고 있는 자료를 뒤적거렸다.

"좋지 않습니다. 전체 52개 매장에서 최하위권입니다. 49등입니다."

"그래, 거기 매니저가 이유나 씨라고 상당히 싹싹하고 잘하는 것 같은데 매출은 영 아니네. 서 과장이 신경 좀 써주게. 무슨 말인지 알지?"

서 과장은 김 부장을 보며 알아들었다는 듯 미소를 지었다.

"네, 알겠습니다. 추가 할인특혜 옵션을 주겠습니다."

"그래, 그것 좋은 생각이야. 조금만 도와주면 잘할 애야. 그리고 또 특별히 문제 있는 매장은 없나?"

"글쎄, 굳이 한 군데 얘기하자면 이노스 매장이 조금 문제인 것 같습니다. 실적도 썩 좋지 않고 늘 불만도 많고 해서 눈엣가시네요."

"'이노스'라면 전에 교육할 때 나에게 마케팅 어쩌고 했던 그 매니저 있는 곳 아닌가?"

'네. 맞습니다."

"나이는 조금 있어 보이지만 예쁘장하고, 성질도 좀 있어 보이던데. 7월 매출실적은 몇 등인가?

서 과장은 재빨리 매출실적을 들쳐보고 등수를 세어보았다.

“전체 52개 매장에서 45위입니다. 거의 뒤에서 놀고 있습니다.”

“그래, 그 애 참 당돌하던데, 콧대도 있어 보이고. 내가 군기 한번 잡아줘?”

“아, 네! 제 선에서 하겠습니다. 어차피 이대로 가면 퇴출시키려고 마음먹고 있습니다.”

“이봐! 그래도 말이야, 인물도 꽤 괜찮던데 그냥 보내기에 조금 아깝지 않아?”

김 부장은 서 과장에게 이상야릇한 웃음을 보냈다.

“네! 조금 그렇죠…….”

“이봐, 서 과장! 오늘 나랑 술 한잔 할까? 기분도 그런데 기분전환할 겸 말이야.”

“그러시죠. 부장님.”

“그런데 단둘이 마시기에는 조금 뭐 하고 누구 부를 사람 없어?”

서 과장은 부를 사람 없느냐는 김 부장의 말에 눈치를 챘다는 듯이 말했다.

“야누스 매니저에게 연락하겠습니다. 부장님, 근처 나이트 클럽 한번 가시겠어요? 새로 오픈했는데 괜찮다고 하던데요.”

“오! 그래. 그럼 짝이 맞지 않잖아?”

“아! 저는 따로 한 명 나오라고 하겠습니다.”

“그래! 가급적 말이야. 업무상 긴요하게 할 말이 있다고 하면서 부르

게. 그래야 뒤탈이 없어.”

“제가 알아서 하겠습니다. 부장님 정리하시고 10분 있다가 아래 주차장에서 뵙죠. 술 드실 거니 제 차로 모시겠습니다. 오늘 제가 확실히 모시겠습니다.”

“응! 그래. 내가 이래서 서 과장이 마음에 들어. 척하면 탁하고 말귀를 알아들어야지 같은 대학 동기인 이 과장 말이야. 그 친구는 왜 그렇게 앞뒤가 꽉 막혔는지 도무지 융통성이 없어. 재미도 없고. 집에 가면 혼자 지내는 나를 가끔 즐겁게 해주어야 하는 것 아닌가?”

김 부장은 유학시절에 만난 여자와 결혼했다. 그 후 잠깐 한국에서 살다가 부인은 애 둘을 낳은 뒤 애들 교육을 핑계로 미국으로 다시 들어가 살고 있다.

서 과장은 이런 김 부장 처지를 잘 간파하고 있는 터라 심심치 않게 김 부장을 술자리에 모셨다.

드림스 나이트클럽 무대는 시끄러운 음악과 춤에 열중하는 남녀들로 가득했다. 수요일이지만 새로 오픈하여 일명 오픈빨을 받아서 그런지 홀에도 손님이 많았다. 김 부장과 서 과장은 클럽 2층에 마련되어 있는 룸에 들어갔다. 그 자리에서 김 부장, 서 과장, 야누스 매니저 그리고 에뜨림 매니저 이렇게 넷이 어울려 술을 마셨다.

“자! 건배하시죠?”

서 과장은 능숙한 솜씨로 양주와 맥주를 섞어 폭탄주를 만든 뒤 각자 자리에 한 잔씩 놓았다.

"부장님! 건배 선창하시죠?"

"그래! 뭐가 좋을까? 에라! 오늘은 그냥 맘놓고 술 마시기로 했으니 회사 일은 잊고 오직 이 밤만 생각하자고."

"어머! 부장님. 이 밤을 어떻게 하시게요? 오늘 일 내시겠어요. 제가 어떻게 해드려야 하나. 호호호!"

김 부장 옆에 있던 야누스 이 매니저가 맞장구를 쳤다.

"부장님, 그냥 마시면 재미 없으니 건배하고 가장 늦게 마시는 사람이 벌주로 폭탄주 한 잔 더 마시기로 하죠?"

"서 과장님, 그건 저희가 불리하죠. 그런 법이 어디 있어요."

서 과장 옆에 있는 에뜨림 박 매니저가 투덜거렸다.

"아이고, 이거 왜 이래. 나보다 술이 훨씬 세면서 왠 약한 척?"

"자! 사족 그만 달고 건배하자고, 이 밤을 위하여!"

"위하여!"

모두 능숙하게 폭탄주를 한 잔씩 단숨에 넘겼다. 잔을 비우자마자 머리 위로 컵을 뒤집어 다 마셨음을 확인했다. 서 과장이 제일 마지막에 컵을 머리에 올렸다.

"서 과장! 딱 걸렸네. 자기 도끼에 자기가 발등 찍혔는걸."

"어머! 서 과장님 당첨이에요. 이번 벌주는 제가 한잔 만들어드릴게

요. 과장님, 벌주는 원래 양주 두 잔 들어가는 것 아시죠?"

야누스 이 매니저는 맥주잔에 맥주와 양주 두 잔을 따라서 화장지를 이용하여 컵을 꽉 쥔 다음 스냅을 주어 흔들었다.

"와! 저 회오리 봐! 역시 유나 넌 보통이 아니야."

김 부장은 이 매니저가 폭탄주 만드는 모습을 바라보며 감탄했다.

서 과장은 벌주로 만들어준 폭탄주도 단숨에 마셨다.

분위기가 한참 무르익었다. 번갈아가며 노래를 부르고 뒤엉켜 춤을 추었다. 이런 만남이 이번이 처음이 아닌 이들로서는 서로 눈치를 볼 필요가 없었다. 부둥켜 안고 춤을 추며 서로 탐닉하는 데 열중하다 김 부장이 서 과장에게 눈짓을 보냈다.

"미자야! 우리 나이트에 왔는데 스테이지 한 번은 밟고 가야지!"

서 과장은 자기가 데려온 박 매니저의 손을 끌고 1층 스테이지로 내려갔다.

서 과장이 나가자마자 김 부장은 야누스 이 매니저를 옆에 가까이 앉혔다.

"이봐! 유나, 내가 당신 무지 신경 쓰고 있는 것 알지?"

"부장님. 잘 알고 있어요. 계속 신경 좀 써주세요. 설마 요즘 매출이 좀 부진하다고 내치는 것은 아니죠?"

"아이고, 내가 그럴 일이 있나. 자 그런 골치 아픈 얘기는 그만하고 이리 와 봐!"

　김 부장의 손은 이 매니저의 허벅지를 타고 스커트 속으로 향했다. 그리고 몸을 꼬고 있는 이 매니저를 더 세게 잡아당기며 입술을 세차게 포갰다. 이 매니저는 김 부장이 원하는 것이 무엇인지 알고 있었다. 이미 경험이 있었지만 이것만은 죽어도 하기 싫었다. 하지만 어쩔 수 없었다.

　김 부장은 눈을 감고 거친 숨을 몰아쉬었다. 이 매니저는 일을 마치고 룸 안에 있는 화장실로 들어갔다. 거울에 비친 자신의 모습을 본 이 매니저의 눈에 눈물이 고였다. 매출이 부진하다는 이유로 서 과장의 부름에 몇 번 나와 함께 어울리다가 김 부장과 인사하게 되었고, 자신의 목을 쥐고 있는 이 사람들에게 끌려 다니게 되었다. 처음에 잘 보이려고 살갑게 대했던 일들이 화근이 되었다. 술에 취한 상태에서 자신도 모르게 몸을 허락한 것이 여기까지 오게 만들었다. 이런 자신이 싫지만 남편과 사이가 좋지 않은 이 매니저는 이혼하더라도 이 직장을 계속 다녀야 하기 때문에 김 부장에게 잘 보일 수밖에 없었다.

　화장실에서 화장을 고치고 나오려는데 휴대전화의 진동이 느껴졌다. 남편이었다. 오늘 또 늦는다고 남편이 잔소리를 시작했다. 이 매니저는 전화를 끊고 화장실에서 나왔다.

　"김 부장님! 저 집에 가봐야겠어요. 집에서 연락이 와서요."

　"어! 그래. 집에서 연락이 오면 빨리 가봐야지. 그래, 조심해서 가."

　양주를 음미하며 마시던 김 부장은 이 매니저가 먼저 간다는 말에 볼

일 다 봤으니 이제 가도 된다는 듯 얼른 가보라고 손짓했다.

서 과장은 스테이지에서 디스코와 블루스를 추었다. 룸에서 나온 지 대략 30분이 지났다. 이 시간이면 충분히 즐길 시간을 주었다고 생각하고 에뜨림 박 매니저를 부둥켜안고 룸으로 들어왔다. 룸에 들어온 박 매니저는 화장실로 들어갔다.

"부장님. 왜 혼자 계세요? 유나는 어디 갔죠?"

"어! 집에서 연락이 와서 방금 갔네."

"아이고, 부장님. 죄송합니다. 옆에서 잘 모시라고 했는데 그냥 가버렸네요."

"아니야. 그래도 최선을 다하고 갔어. 그러면 되었고. 저기 말이야! 아까 말한 이노스 김 매니저 좀 불러낼 수 있나? 쇠뿔도 당긴 김에 빼렸다고 내가 오늘 확실히 교육 좀 시켜보지."

"아! 그러시겠어요. 그럼 제가 연락해서 이쪽으로 잠깐 나오라고 하겠습니다."

"그래. 연락해보고 나온다고 하면 내가 김 매니저를 여기서 만나 얘기 좀 하고 갈 테니 자네는 먼저 가보게. 아직 시간도 이르니 다른 데 가서 재미 좀 보고 가야지?"

"네. 우선 연락부터 해보겠습니다."

저녁 9시 30분, 성주는 집에 와서 오랜만에 책을 읽었다. 얼마 전에 서점에서 산 판매와 관련된 책이다. 책에 나오는 이론과 실제 자신의

경험을 비교하여 읽어보니 많은 부분이 가슴에 와닿았다. 휴대전화 벨이 울려 전화를 받으니 서 과장이었다. 다소 시끄러운 음악이 휴대전화를 통해 들렸다.

"성주 씨, 잠깐 시간 좀 낼 수 있나?"

"밤에 무슨 일이세요? 할 말 있으시면 내일 하죠."

"아니, 내가 할 말이 있는 게 아니고 김 부장 알지? 김 부장님이 긴히 할 얘기가 있다고 하는데……. 이번에 평가작업이나 여러 사안에 대해 특별히 성주 씨에게 조언해주고 싶다고 하셔."

"조언요? 어디신데요."

"여기 드림스 나이트클럽이야."

"오늘은 좀 그렇고, 제게 할 얘기가 있으면 내일 찾아뵙겠다고 전해주세요."

"참! 머리 안 돌아가네. 이봐! 회사에서 할 말이 있고 사석에서 할 말이 있는 거지. 그래도 김 부장님이 당신 인상을 좋게 봐서 좋은 말씀을 해준다고 하는데 상황을 파악하지 못하나?"

성주는 가봐야 할지 말아야 할지 혼란스러웠다. 최근 하고 있는 평가작업과 관련하여 정보를 준다고 하는 것이 마음에 걸렸다. 시간을 보니 9시 35분, 지금 출발하면 10시 정도면 도착할 거고. 이리저리 시간을 계산했다.

"알겠어요. 그럼 그곳에 가서 어떻게 찾으면 되죠?"

“내가 담당 웨이터 오십원에게 말해둘 테니 입구에서 오십원을 찾으면 돼. 알았지? 그럼 빨리 와.”

성주는 서둘러 옷을 입었다. 그래도 부장님과는 사석에서 처음 뵙는 자리이기에 청바지에 티를 입고 가기는 조금 실례일 것 같은 생각이 들어 밝은 회색 원피스를 꺼내 입었다.

택시를 타고 드림스 앞에 도착했다. 입구에 양 옆으로 개업 축하 화환들이 즐비하게 서 있었다. 반짝이는 네온사인이 성주의 눈을 찌푸리게 만들었다. 웨이터 복장을 한 덩치 큰 남자들이 무전기 비슷한 것을 들고 입구에 서 있었다.

그중 체구가 가장 작은 웨이터에게 오십원을 불러달라고 했더니 키가 크고 마른 웨이터가 입구로 나왔다. 성주는 김 부장님을 만나러 왔다고 말하며 방 안내를 부탁했다. 웨이터는 성주를 2층 룸으로 안내했다. 층계를 오르면서 무대 위의 사람들을 바라보았다. 몇 년 만에 와본 나이트 분위기는 성주 기억 속의 추억과 많이 달라져 있었다. 남녀가 짝이 되어 서로 비벼대고 춤을 추는 모습이 무척 낯설게 느껴졌다.

방으로 안내를 받은 성주는 혼자 술을 마시고 있는 김 부장을 발견했다.

“안녕하세요? 부장님. 이노스 김성주입니다.”

“아이고, 어서 오세요. 오랜만입니다. 이리 앉으세요.”

김 부장은 자신의 90도 직각 편 자리에 앉으라고 안내했다.

“서 과장님이 전화해서 왔는데 김 부장님이 저에게 할 말이 있다

고……. 서 과장님은 어디 가셨나요?”

“아! 그 친구. 방금까지 여기 있었는데 들어올 때 혹시 못 보았나요? 집에서 애가 아프다고 연락이 와서 급히 나갔어요. 그건 그렇고 제가 좀 늦었지만 오시라고 한 것은 전해줄 말이 있어서입니다.”

“네. 무슨 말씀이죠?”

“김성주 씨도 예상하고 있겠지만, 오늘 내부적으로 퇴출대상 선정 작업 중간평가를 해보니 김성주 씨가 하위 20% 안에 들어가더군요. 개인적으로 참 안타까워서 좋은 말 좀 해줄까 하고 불렀습니다.”

“네. 저도 매출이 안 좋다는 것은 알고 있고요. 지금 최선을 다하고 있으니 조만간 예년 수준으로 회복할 수 있을 거라 생각합니다. 실제로 최근에 괜찮아지는 기미를 보이고 있고요.”

“글쎄요. 제가 보기에는 그렇게 하기에 역부족이지 않을까 해서요. 제가 특별히 마음 쓰이는 것이 성주 씨가 돌아가신 올케 애들을 친자식처럼 여태 키워왔다면서요. 그 말을 듣고 참 대단하다는 생각이 들었어요. 그래서 될 수 있으면 도와주고 싶군요.”

성주는 순간 애들 얘기를 어떻게 알고 꺼냈는지 깜짝 놀랐다. 일부러 숨기지는 않았지만 그래도 내놓고 말하고 다니지는 않은 사안이라 누군가에게 그런 것으로 동정받는다는 사실이 유쾌하지 않았다.

“네. 부장님! 신경 써주셔서 감사합니다. 하지만 저 나름대로 최선을 다해서 정당한 평가를 받도록 할게요.”

"그래요. 최선을 다한다는 정신은 아주 좋습니다. 하지만 거기에 제가 조금 도움을 주겠다는 얘기입니다. 제가 내일 당장 추가 할인권 혜택을 드리겠습니다. 다른 매장에는 아무 말 말고 받으세요."

"부장님, 말씀은 고맙습니다만 갑자기 무슨 이유죠?"

"이유는 없습니다. 다만 어려운 사정을 제가 조금 배려해주겠다는 거지요. 그리고 퇴출 대상 리스트에 들어가면 성주 씨 특수성을 고려하여 별도로 재고하겠습니다."

성주가 생각하기에도 상당히 고마운 배려이지만 왜 자신에게 그러는지는 이해가 가지 않았다. 하지만 마다할 이유는 없다는 생각이 들었다.

"그런 배려를 다 받아도 될지 모르겠네요."

"자! 그럼 일 이야기는 그렇게 하기로 하고 그래도 왔는데 맥주라도 한 잔 해야지."

"부장님, 저 술 못해요. 바로 집에 가봐야 하고요."

"오! 그래야지. 그럼 맥주 딱 한 잔만 하고 가세요. 그래도 저랑 건배라도 해야지. 그렇지 않으면 저 서운합니다."

김 부장은 옆에 있는 맥주잔에 맥주를 손수 따라서 성주에게 가져다주었다. 김 부장의 언더 글라스 양주잔과 성주의 맥주잔이 건배를 했다.

"성주 씨 앞날을 위해서!"

"고맙습니다."

김 부장은 한 잔을 원샷했다. 김 부장은 성주에게 미소를 보내며 쭉

들이마시라고 했다. 김 부장은 술을 마시고 나서 자기 얘기를 시작했다. 유학시절 고생한 얘기부터 결혼한 얘기 그리고 지금 기러기 아빠 신세 등을 포함해 그간의 인생 스토리를 성주에게 나지막한 목소리로 들려주었다. 성주는 김 부장 얘기가 지루하게 들렸다. 김 부장 얼굴은 멀쩡해 보였지만 말은 가끔 꼬여 나왔다. 그리고 한 말을 다시 되풀이 하곤 했다.

성주는 이야기를 듣는 동안 눈꺼풀이 점점 무거워지는 것을 느꼈다. 그와 더불어 몸에서 열이 나기 시작했다. 룸 안이어서 에어컨 시설이 있는데 얼굴이 점점 달아오르는 느낌이 들었다. 심장 박동도 조금 빨라 졌다. 김 부장은 자기 얘기를 한참 하다가 현재 자기 처지가 무척 외롭 다고 했다. 성주는 자꾸 감기려는 눈을 다시 뜨며 애써 참으면서 들었 다. 김 부장이 무어라 하는지 쏟아지는 졸음에 말이 잘 들리지 않았다. 점점 흐트러지는 성주를 본 김 부장의 눈빛이 순간 빛났다.

김 부장은 잠깐 일어나더니 화장실로 갔다. 그 사이 성주는 유난히 졸리고 몸에 열이 나는 자신이 좀 이상하게 생각되었지만 피곤한 탓으 로 생각했다. 그래서 잠시 소파에 기대어 눈을 감았다. 김 부장은 화장 실에서 살짝 문을 열어보더니 예상대로 성주가 눈을 감고 잠들어 있음 을 확인한 다음 밖으로 나왔다.

김 부장은 성주 옆자리에 앉아서 성주의 위아래를 번갈아 보았다. 모 처럼 완벽한 몸매에 더할 나위 없는 미모의 여자를 바라보던 김 부장은

입술에 침을 발랐다. 김 부장은 소파에 기대어 잠들어 있는 성주의 원피스 단추를 하나씩 풀었다. 먹이를 앞에 둔 짐승으로 돌변한 김 부장은 정신을 잃은 성주에게 달려들었다. 무언가 강하게 눌리는 좋지 않은 기분에 눈을 뜬 성주는 눈앞에서 벌어지는 광경에 기겁했다. 성주가 김 부장을 있는 힘껏 밀쳐내니 김 부장이 소파 한구석으로 밀려나갔다. 성주는 얼른 일어나 소파 반대편 쪽으로 가서 허겁지겁 옷을 바로 입었다. 너무나 놀라 심장이 요동을 쳤다. 잔뜩 겁에 질린 온몸이 부르르 떨리며 발이 떨어지지 않을 정도였다.

"어머! 부장님, 왜…… 이러세요?"

"성주! 너야말로 왜 이래. 일부러 자는 척하면서 날 유혹하더니 가만히 있을 때는 언제고 왜 돌변하지? 일부러 한번 튕겨서 애달프게 만들려고 그러는 건가?"

성주는 잔뜩 겁이 난 표정으로 말을 이어나갔다.

"아니에요. 전 그런 적 없어요. 잠깐 졸려서 눈을 감았을 뿐이에요."

"참나! 요즘 애들은 이상하게 사람을 꼬시는군. 이리 와!"

김 부장은 일어나 성주 쪽으로 다가왔다. 막다른 쪽에 서 있던 성주는 이내 김 부장에게 포위되었다. 김 부장은 성주를 벽 쪽에 기대어놓고 양팔을 제압한 후 입술에 키스했다. 김 부장의 입술이 성주의 입술을 덮치자 성주는 이로 김 부장의 혀를 세게 물었다.

"아이고, 아야!"

  김 부장은 성주를 잡고 있던 팔을 놓으면서 입을 만졌다. 순간 성주
는 룸에 있는 문을 통해 밖으로 뛰어나갔다. 이어서 얼굴이 새빨개진
김 부장도 뛰어나왔다. 하이힐을 신은 성주가 김 부장의 손길에 닿으려
는 찰라 성주를 부르는 소리에 김 부장은 멈추어 섰다.

  "성주 씨! 안녕하세요? 여기서 뵙네요. 놀러 오셨어요?"

  상현이었다. 나이트의 조명이 어두웠지만 상현의 얼굴이 또렷이 보였다.

  "상현 씨, 저 좀 도와주세요."

  성주는 상현이 품에 안기며 뒤로 숨었다. 뒤따라오던 김 부장이 상현
을 보더니 말했다.

  "당신 뭐야!"

  "성주 씨, 무슨 일이세요. 이 사람이 괴롭히나요?"

  "아, 아니에요. 상현 씨, 저랑 같이 좀 나가요. 부탁이에요."

  둘의 대화를 듣고 있던 김 부장은 버럭 소리를 지르며 상현의 뒤에 있
는 성주를 잡으려고 했다. 순간 상현은 김 부장의 손목을 잡고 비틀었다.

  "점잖게 생긴 분이 왜 그러세요?"

  "아, 아. 이것 안 놔. 아, 아. 그래, 알았어. 놔놔. 알았어. 그냥 갈게."

  그냥 간다는 김 부장의 말에 상현은 손목을 풀었다. 김 부장은 힘으
로는 안 된다는 것을 깨닫고 뒤돌아 방으로 들어갔다.

  상현은 성주를 데리고 나이트클럽을 나왔다. 성주는 얼마나 놀랐는
지 마치 백 미터 달리기를 하고 막 들어온 사람처럼 숨을 제대로 쉬지

113

못했다. 상현은 무슨 이유인지 모르겠지만 우선 안정이 필요하다고 생각해 근처 슈퍼마켓에 가서 생수를 사왔다.

"성주 씨! 이 물 마시고 진정하세요."

성주는 상현이 건넨 물을 마셨다. 정신 없이 마시다 보니 물이 새는 것도 모르고 벌컥벌컥 들이마셨다. 물을 마시고 나니 놀란 가슴이 그래도 진정되었다. 상현은 방금 전에 있었던 상황을 다시 생각해보았다. 누군가에 쫓긴 듯 정신 없이 뛰어오던 성주, 그 뒤를 쫓아오던 남자……. 무슨 일 때문에 그런지 궁금함이 꼬리에 꼬리를 물었지만 묻지 않는 편이 낫겠다고 생각했다.

성주는 이제 어느 정도 안정을 찾아갔다. 성주는 나이트 룸에서 자신이 어떻게 잠들었으며 김 부장이 자신을 그렇게 유린할 때까지 왜 잠들어 있었는지 이해가 가지 않았다. 성주는 이런저런 생각을 하다가 앞에서 자기를 지키고 서 있는 상현을 바라보았다. 매번 위기 상황에 나타나는 이 사람은 자신과 전생에 깊은 인연이 있었던 것이 아닌가 하는 생각이 들었다. 성주는 집가지 바래다주겠다는 상현과 나란히 걸었다. 시원한 바람을 쐬며 걸으니 정신이 들었다.

"상현 씨! 매번 고마워요. 안 좋은 일이 있었는데 절 구해주셨네요. 상현 씨! 남자들은 왜 그러죠. 왜 여자를 보면 가지려고만 하는지 저는 이해가 가지 않아요. 참 별말을 다하네요. 오늘 일은 잊을래요. 상현 씨! 어쨌든 오늘 정말 고마워요. 오늘도 절 구해주셨으니 벌써 두 번째

네요."

"무슨 소릴요. 누구든지 그런 상황이면 다 그랬을 거예요. 부담 갖지 마세요."

"저, 상현 씨. 내일 점심이나 같이 할래요. 제가 살게요."

"네. 공짜로 먹는데 마다할 이유가 없죠. 어디서요?"

"그럼 12시에 저희 백화점 식당가 로비에서 봐요."

"알겠습니다. 그럼 잘 들어가세요."

상현은 성주에게 인사하고 뒤돌아 걸어갔다. 성주는 상현의 뒷모습을 한참 동안 바라보았다.

기회를 주는 소중한 사람

아침에 성주는 여느 때와 같이 일찍 일어나 아침 운동을 하러 나갔다. 운동하는 내내 어제 나이트클럽에서 있었던 일이 자꾸 생각나 머릿속이 복잡했다. 생각해보면 정말 분한 일이다. 성주는 백화점 생활을 15년 동안 하면서 백화점 바이어와 매니저, 점원 사이에 이런 유의 좋지 않은 스캔들 애기는 많이 들어보았지만 자신이 그런 일에 휘말릴 뻔할 거라고는 생각지도 못했다.

운동하고 나서 샤워를 했다. 어제 자신의 몸을 더듬던 김 부장의 더러운 손길을 깨끗이 지우기라도 할 듯이 씻고 또 씻었다. 샤워하는 내내 흐르는 물과 함께 눈물도 멈추지 않았다. 엄마와 애들이 있지만 이런 억울한 상황에서 말도 못하고 당해야만 하는 자신이 비참하게 생각

되었다. 이럴 때 자신을 보호해줄 사람이 단 한 사람이라도 있으면 얼마나 좋을까 하는 생각이 들었다.

요즘 매출은 비수기인 7월이지만 다행히도 괜찮은 편이었다. 불과 몇 주 전만 해도 돈이 될 만한 손님만 상대로 장사하던 것에 위기감을 느낀 성주는 손님을 가리지 않고 적극적으로 최선을 다했다. 그랬더니 비싼 옷은 아니어도 중저가 옷들이 하루에 몇 벌씩 꾸준히 나갔다. 자사 인터넷 사이트에서 순위를 보니 7월 초반이지만 8등이었다. 지난달에 40등 밑에서 놀던 것과 비교해보면 비약적인 발전이었지만 숙녀복전 매장의 매출이 워낙 저조한 7월이기 때문에 순위와 순위 사이에 액수 차이가 크지 않아 순위는 언제든지 바뀔 수 있었다.

점심시간에 성주는 순정에게 전화해 8층 식당가로 오라고 했다. 상현 씨와 같이 식사하기로 했다고 하니 순정은 좋아서 어쩔 줄 몰라 했다. 막 매장에서 나가려는데 저편에서 가슴 쪽이 V자로 유난히 깊게 파인 빨간색 원피스를 입은 순정이 걸어왔다. 그걸 본 성주는 웃음을 참을 수 없었다.

"순정아! 너 어디 패션쇼 하러 가니? 옷차림이 왜 이리 강해. 가슴도 큰 애가 그렇게 파인 옷을 입으니 너무 야하다."

"그래! 다른 사람도 아니고 상현 씨랑 식사한다는데 내가 신경을 안 쓸 수 있니? 너 그런데 재주도 좋다. 어떻게 점심 약속을 했니? 난 운동

하러 다니면서 밥 한 끼 산다고 해도 웃기만 하던데. 이거 괜히 자존심 상하려고 한다."

"순정아! 그런 거 아니야! 어제 신세 진 것도 있고 해서 밥 사는 거고 단 둘이 먹는 것이 조금 불편해서 너 부른 거야. 너 나 잘 알잖아."

"그래. 너 그 결벽증 어디 가니? 내가 너였다면 둘이 먹지 절대로 누구 부르지 않았을 텐데, 하여튼 고맙네, 친구. 참! 그리고 어제 신세 진 일이 있었어?"

"순정아, 그건 나중에 기회가 되면 말해줄게. 늦었다. 빨리 가자."

엘리베이터를 타고 8층 식당가 로비에 도착하니 한쪽 소파에서 상현이 책을 읽고 있었다. 순정은 장난기가 발동하여 성주를 데리고 조용히 상현이 앉아 있는 소파 뒤로 갔다. 그리고 뒤에서 상현의 어깨에 손을 대면서 갑자기 불렀다.

"상현 씨!"

상현이 깜짝 놀라 뒤를 돌아보았다. 순정을 발견한 상현은 환한 미소를 지으면서 일어나 인사했다.

"안녕하세요? 순정 씨. 아! 안녕하세요 성주 씨. 어! 어떻게 두 분이 같이 오셨네요."

"예, 저희 둘이 밥 친구예요. 점심때는 특별한 일이 아니면 꼭 붙어 다녀요. 상현 씨, 괜찮죠?"

성주는 혹시 순정을 데리고 온 것이 실례가 되지 않을까 하여 물었다.

"그럼요. 이렇게 두 분과 같이 식사하게 되어서 영광입니다. 순정 씨 옷 참 예쁘네요. 저 빨간색 좋아하는데 정말 보기 좋아요. 아이고! 가슴 쪽에 그 포인트가 대단하십니다. 하하하!"

상현의 장난기 어린 칭찬에 얼굴이 빨개진 순정이 환하게 같이 웃었다.

"상현 씨, 여기 일식집이 있는데 괜찮죠? 점심때는 가격도 저렴한 편이고 맛도 좋아요."

일식집에 가자는 말에 눈이 휘둥그레진 순정이 성주를 보며 말했다.

"성주야! 너랑 3년 넘게 같이 밥 먹으러 다녔어도 네가 자청해서 일식집 가는 것은 처음 있는 일이다. 야, 웬일이야. 너 뭔가 신세를 단단히 졌구나?"

"그래! 신세를 많이 졌지. 생명의 은인에다 위기에서 구해주셨으니……."

일식집을 향해 걸어가는데 건너편에서 이 과장이 걸어오는 것이 보였다.

성주가 알은체를 하려는데 상현이 먼저 이 과장에게 인사했다.

"이 과장님! 안녕하세요? 여기서 뵙네요."

"어! 상현 씨, 안녕하세요?"

이 과장은 상현에게 인사하며 성주와 순정을 보고 미소를 보냈다.

"여기 점심 먹으러 오셨어요?"

"네. 제가 아는 고객님들과 같이 왔습니다. 같은 백화점 근무하시면 혹시 아시지 않나요?"

상현이 묻자마자 순정이 살갑게 대답했다.

"어머! 저희 이 과장님 잘 알아요. 매너 짱에 인기 만점인 이 과장님 모르는 사람은 백화점에 없을걸요?"

"아이고! 순정 씨, 너무 띄워주는 것 아닌가요? 하하하!"

"참, 저번에 샘플로 제가 몇 개 넣어드렸던 신제품 헬스 옷들은 반응이 어떤지 궁금하네요. 괜찮다고 하나요?"

"네. 고객분들이 사용해보고 아주 좋다고 하던데요. 무슨 브랜드냐고 물어보시는 분이 많아요. 좋은 제품 추천해주셔서 고맙습니다. 가격도 괜찮고 해서 저희도 단체 주문을 고려하고 있어요."

순정이 두 사람의 대화를 듣고 있다가 끼어들었다.

"아이고! 이러다가 여기 계속 서 있어야 할 것 같아요. 이 과장님, 오늘 성주가 점심 쏜다는데 저번에 이 과장님이 한 번 쐈으니 오늘은 저희들과 같이 가서 얻어 먹어요."

"그래요. 이 과장님, 같이 가요. 상현 씨 괜찮죠?"

성주가 거들었다.

"아! 그럼요. 이 과장님에게 물어볼 것도 있는데 같이 식사하시죠?"

상현도 이 과장에게 같이 가자고 했다.

"네. 그렇게 하시죠. 이거 또 예정에 없는 신세를 지네요."

네 사람은 나란히 걸어 모퉁이를 지나 일식집에 들어가 방에 자리를 잡았다.

상현과 이 과장 그리고 성주와 순정이 서로 마주 보고 앉았다. 순정은 연방 히죽히죽 웃었다.

"상현 씨, 이렇게 짝짝이 앉아 있으니 고등학교 때 미팅하던 생각이 나요. 그때는 주로 빵집에서 했는데……. 참! 상현 씨는 이 과장님 잘 아세요?"

"알다마다요. 여기 계신 이 과장님이 소개해서 제가 여기서 헬스클럽을 하게 되었어요. 이 과장님이 전에 계셨던 연풍백화점 때부터 계속 알고 지냈어요."

상현이 헬스클럽을 직접 한다는 말에 놀란 듯 순정이 상현의 말이 끝나기가 무섭게 말을 이어나갔다.

"어머! 상현 씨가 헬스클럽 직접 하시는 거예요? 전 트레이너로 있는 줄 알았어요. 지금 하는 규모로 봐서 돈도 많이 들었을 텐데……."

"아! 예. 이번에 오픈할 때 조금 무리했는데 다행히 주변에서 많이 도와주셔서 잘 되고 있어요. 앞으로도 많이 도와주세요."

"오픈하신 지 두 달 정도 되었는데 고객은 많이 확보했어요?"

성주가 이어 물었다.

"네. 백화점도 그렇겠지만 우리도 고객 확보가 가장 큰 관건이에요. 저야 새로 오픈했기 때문에 우선 신규고객 확보가 중요했는데 일단 진입 초기에 실시한 다양한 할인행사와 홍보 등을 통해서 고객을 어느 정도 확보했어요. 또 정말 고마운 것이 전에 제가 트레이너로 일하던 곳

에 다니던 분들이 제가 여기에 직접 차렸다는 것을 알고는 이곳으로 운동하러 오세요. 사실 그쪽 스포츠센터 사장님께 미안해서 거기에서 계속하시라고 권유는 하는데 그래도 저 믿고 오시는 분들이라 조금 난처할 때가 있어요.”

하나 둘씩 깔끔한 일식 요리가 들어오고 대화는 계속 이어졌다. 이 과장은 성주와 순정에게 상현이 칭찬을 늘어놓았다.

“상현 씨는 제가 전에 있던 백화점에서 운동할 때부터 알았으니 4년 정도 알고 지내는데 이 친구 정말 대단해요. 저도 백화점에서 잔뼈가 굵어서 고객에 대한 서비스 마인드는 누구한테도 뒤지지 않는다고 생각하는데 이 친구는 저보다 더해요. 뛰는 놈 위에 나는 놈 있다고 이 친구가 고객에게 하는 것을 보고 아주 깜짝 놀랐어요.”

성주는 이 과장의 아낌없는 칭찬에 대체 상현이 고객에게 어떻게 하기에 저토록 침이 마르게 치켜세우는지 궁금해졌다.

“상현 씨! 이 참에 상현 씨 고객 관리 비법을 한 수 알려주세요. 여기 계신 이 과장님이나 순정이나 저는 어떻게 보면 상현 씨와 비슷한 고객 관리 비법이 필요한 사람들인데 좀 알려주세요.”

상현이 성주의 애교 있는 말에 빙그레 웃으며 가지고 온 수첩을 꺼내 뭐라고 적더니 테이블 위에 올려놓았다.

고객 ≠ 관리 대상, 고객 = 사랑의 대상

쪽지를 보고 순정이 물었다.

"상현 씨, 이게 무슨 말이에요?"

"금방 성주 씨가 저에게 고객을 관리하는 방법, 또 다른 말로 고객 관리 비법을 알려달라고 했는데, 우선 그 생각을 조금 바꾸실 필요가 있을 것 같아요. 제가 적은 쪽지의 의미는 적어놓은 그대로 우선 고객을 관리 대상으로 생각하기보다는 고객 그 자체로서 한 분 한 분 모두 소중한 사람으로 마치 연인을 사랑하듯 진심 어린 마음으로 사랑해야 할 대상으로 여기라는 말입니다. 고객에 대해서는 우선 이런 마음가짐이 선행되지 않으면 다른 어떤 좋은 방법을 쓴다고 해도 그 효과는 오래가지 않아요."

"상현 씨, 역시나 또 고객에 대해서도 마음가짐이 중요하군요."

성주는 마음가짐이라는 말을 듣자 일전에 상현에게 들었던 말이 생각났다.

"그럼요. 이 세상에 어떠한 일도 모두 인간이 중심이 되고 그것을 시작하는 데는 무엇보다도 사람의 마음가짐이 중요해요. 우리가 즐겨 마시는 소주 이름에도 '처음처럼'이라는 것이 있잖아요. 성주 씨나 순정 씨가 지금 하는 일을 처음 시작했을 그때 가졌던 마음을 생각해보세요. 아마 열정, 희망, 자신감, 성실이라는 단어를 그때는 늘 품고 있었을 거예요. 그런 마음을 변하지 않고 계속 가지고 있다면 문제 될 것이 없죠. 그런데 시간이 지나면 그런 마음이 사그라진다는 것이 문제이기도 하

고 어떻게 보면 그런 것이 사람인 이상 당연한 현상이기도 해요.”

상현은 물을 한잔 마시며 말을 이어 나갔다.

“고객은 생명과 같은 존재라고 생각해요. 저희 헬스클럽에 오신 분들을 모두 다 상대할 수는 없지만 제가 운동하면서 만나는 분들에게 정말 감사하는 마음으로 대합니다. 가식이 없이 진심으로 운동에 대하여 조언하고, 때로 그분들의 고민을 들어주고 제 생각을 얘기하죠. 고객과의 관계에서 마음가짐 다음에 중점을 두고 쌓아야 하며 이를 통해 성취해야 할 것이 있습니다. 바로 이거예요.”

상현은 수첩에 있는 쪽지에 글을 적어 테이블에 올려놓으며 말을 이어나갔다.

신뢰(Confidence) → 고객 충성도 확보 → 고객 네트워크 형성

“고객과의 관계에서 궁극적으로 기대하는 결과는 신뢰 구축입니다. 고객이 제가 지금 하는 분야에 대해서는 세상에 어떤 사람보다도 저를 100% 믿어주는 것이 중요합니다. 그렇게 되기 위해서는 물건을 팔기 위해서이든 같이 운동하기 위해서이든 가식적인 미사여구를 동원해서 고객을 현혹하면 안 됩니다. 현재 상황 그대로 고객을 이해하고 각각 고객에 맞게 최선의 것을 제시해야 합니다.

우리가 가끔 실수하는 까닭은 사사로운 욕심에 최선이 아닌 최고만

 모든 것이 욕심을 버리고 지금 앞에 있는 고객에게만 집중하며, 그분에게 맞는 최선의 것을 찾아주면 됩니다. 신뢰 구축에서 또 중요한 것은 고객과의 지속적인 관계 형성인데, 고객을 대할 때 마치 가족처럼 생각하면 좋습니다.

생각해보세요. 가족인 친형제에게는 가끔 전화로 안부를 묻기도 하고 아주 오랜만에 만나도 편하고 좋잖아요. 물론 형제 사이가 안 좋은 경우도 있지만 그런 것은 예외로 하고요. 그렇게 고객이 저를 만났을 때 또는 저를 생각할 때 편한 동생이나 때론 친형이나 친오빠처럼 받아들일 수만 있다면 신뢰 구축에 성공했다고 할 수 있겠죠."

상현의 말에 이 과장이 웃으면서 말을 이어나갔다.

"이 친구 보세요. 생각하는 것이 참 대단하지 않나요? 저와 동갑인데 이렇게 생각이 깨어 있어요. 그러고 보니 우리 모두 동갑이네요. 하하하!"

"그 다음에 적혀 있는 고객 충성도 확보는 무엇을 말하는 거죠?"

"모든 업종이 다 그런 것은 아니지만 저희와 같은 서비스 업종은 대부분 단골 고객 확보가 무엇보다 중요합니다. 여기 계신 두 분이 하시는 숙녀복도 마찬가지일 거예요. 고객 충성도 확보는 쉬운 말로 한번 고객이 되면 평생 고객으로 만들라는 것입니다. 저를 처음 찾아온 고객이 저와 인연을 맺고 평생 동안 저에게만 온다고 생각해보세요. 고객과 이 단계까지만 관계를 형성해둔다면 무슨 일을 해도 문제 될 것이 없겠죠. 고객의 충성도까지 확보하기 위해 일반적으로 널리 알려진 방법으로

125

는 고객만족에서 고객감동에 이르는 과정이 있어요."

상현은 그것을 쪽지에 적어서 보여주었다.

고객만족($y = x$)

고객기대 초월($y = 2x$)

고객기쁨($y = x^2$)

고객감동($y = x^2 + n$)

(x = 고객의 기대수준, $x>2$, y = 기대치에 대한 결과, n = ?)

"고객만족에서 고객감동까지는 굳이 설명을 안 해도 평소에 많이 들어보셨을 거예요. 옆에 적혀 있는 수식이 좀 낯설죠. 수식 설명은 좀 있다가 하고요. 제가 여기서 강조하고 싶은 것은 현재 자신의 단계가 어디인지를 가늠해보실 필요가 있어요. 성주 씨는 어느 단계에 있는 것 같나요?"

성주는 상현의 갑작스런 질문에 고민하다가 대답했다.

"글쎄요. 상현 씨가 방금 말한 최선이 아닌 최고만을 고객에게 제시하는 경향이 있었기 때문에 고객만족이 안 되는 수준 같은데요."

"응! 그럼 나도 그런데."

옆에 있는 순정이 대답했다.

"그러세요. 하지만 일반적으로 교육을 받거나 마음가짐을 다시 함으

로써 고객의 기대를 만족시켜주는 고객 만족 수준까지는 조금만 노력하면 금방 이를 수 있어요. 이것을 굳이 수학적으로 y = x라고 적어둔 것은 고객이 요구하는 기대수준 x는 보통 무엇을 사든 아니면 무슨 서비스를 하든 두 가지 이상 정도이기 때문입니다. 그래서 x는 2 이상이라는 가정을 우선하고요.

고객의 기대수준 x를 10이라고 하면 고객의 기대치에 대한 결과 y를 똑같은 결과 10이 나오게 하면 되는 거예요. 하지만 지금과 같은 경쟁에서 고객만족 수준만으로는 고객 충성도를 확보할 수 없어요. 여기서 한 단계 더 나아가려면 고객이 기대하지 않은 것을 만족시키는 단계인 고객기대 초월 단계로 가야 하죠. 여기에서 고객기쁨에 이어 고객감동까지 가기 위해서는 특별한 무언가의 입력과 이에 의거한 활동이 끊임없이 가미되어야 합니다.

실제로 여기에 필요한 것들로 다양한 고객관리 방법이나 고객 서비스 향상 기법 등이 접목됩니다. 고객의 기대를 10이라고 할 때 (x=10), 기대에 대한 결과를 10에서 100+n까지 증가하는 것을 보여주기만 한다면 결과적으로 고객은 감동하게 되죠. 10을 넣어 100+n의 결과를 보여준다는 것이 쉽지는 않겠죠?"

고객만족($y = x = 10$) →

고객기대 초월($y = 2x = 20$) →

고객기쁨($y = x^2 = 100$) →

고객감동($y = x^2 + n = 100 + n$)

"그런데 고객감동의 단계에 있는 n은 무엇이죠?"

성주는 공식을 보자마자 n의 의미를 알고 싶어 했다.

"n은 New를 말하는 것입니다. 상징적인 말로 고객감동까지 이르게 되면 부수적으로 New를 얻는다는 말인데, New는 바로 신규고객을 말하는 거예요. 보통 고객이 감동받는 수준까지 가면 입이 간질간질하여 가만히 있지 못합니다. 고객은 자신이 받은 이러한 서비스를 주변에 적극적으로 알리기 시작하죠. 고객감동까지 느끼게 되어 충성도 있는 고객이 되면 흔히 말하는 골수 고객의 고마운 노력에 힘입어 그 다음 단계인 고객 네트워크가 자연스럽게 형성됩니다. 이 말은 충성도 있는 고객 한 분을 통해 무수히 많은 신규고객이 탄생하게 된다는 거예요. 이것이 바로 고객 네트워크 형성입니다. 네트워크의 힘은 정말 대단해요. 이것을 요즘 사회에서 문제가 된 다단계판매업에서 악용하는 부분이 없지 않아 있지만 그 순수한 의미를 제대로 알고 고객 형성에 제대로만 활용하면 이보다 뛰어난 방법이 없는 것 같아요."

상현은 쪽지에 뭐라고 한참 적은 후 보여주었다.

$$y = \sum_{x=1}^{\infty} 2^x = 2+4+8+16+32+\sim$$

"여기 쪽지에 적힌 뜻은 아시겠죠. x를 고객이라고 하면 한 분의 충성도 있는 고객은 여기에 적힌 공식에서 보듯 신규고객을 피라미드처럼 기하급수적으로 늘어나게 하죠. 물론 어느 정도 한계가 있겠지만 제 경험으로는 조금만 노력하면 5단계 정도까지 가능한 것 같아요. 결국 한 분을 통해 62명의 신규고객을 창출할 수 있는 거지요. 물론 모든 일이 다 단계가 있듯이 처음부터 고객 네트워크가 형성되는 것은 아니에요. 하지만 제가 지금까지 말한 과정을 차근차근 밟다 보면 가능하지 않을까 생각해요."

이 과장과 성주와 순정은 상현의 말에 몰입하면서 고개를 끄떡거렸다.

"얘기가 길어졌는데 한 가지만 더 중요한 것을 말씀드리면, 제 말을 들으면서 이런 생각이 들었을 거예요. 그럼 도대체 어떻게 해야 하지?

구체적인 How가 무엇이지? 그것에 대한 답을 드리겠습니다."

상현은 마지막 쪽지에 무언가를 그려서 보여준다.

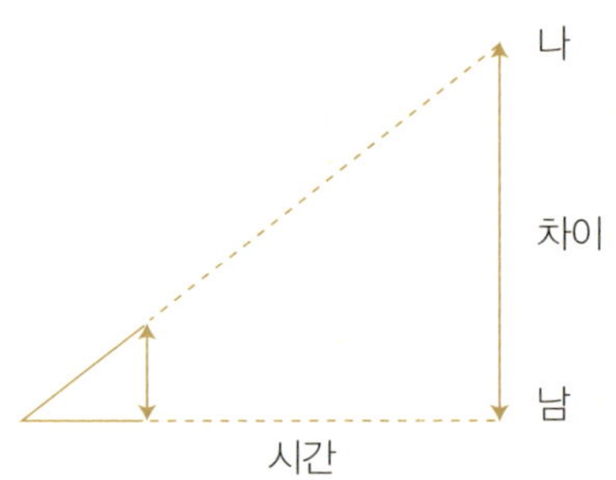

"이 모양이 뜻하는 것은 남들보다 모든 면에서 조금만 더 노력한다면 처음에는 그 차이가 미미하지만 시간이 흐르면서 엄청나게 차이가 벌어진다는 말이에요. 결국에는 여러분이 다른 사람들보다 조금 더 일찍 출근하고, 고객에게 조금 더 친절하고, 조금 더 남아서 판매하고, 조금 더 고객을 감동시키기 위한 방법을 생각하라는 것입니다. 여기서 가장 중요한 것은 실천한다면 이루지 못할 것이 없다는 점입니다. 저는 '고객에게 상품을 파는 것이 아니라 나 자신을 판다'고 생각합니다. 저보다 경험이 많은 분들 앞에서 제가 너무 잘난 체한 것 같네요."

"아니에요! 상현 씨, 정말 오늘 좋은 것 많이 배웠어요 끝에 하신 '나 자신을 팔라'는 말, 가슴속에 꼭 담아둘게요."

성주는 진심으로 고마운 마음을 전하고 마저 식사를 했다.

기회를 주는 소중한 사람, 고객

고객 ≠ 관리 대상, 고객 = 사랑의 대상

고객을 관리 대상으로 생각하기보다는

고객 그 자체로서 한 분 한 분이 모두 소중한 사람이므로

마치 연인을 사랑하듯 진심 어린 마음으로 사랑해야 한다.

신뢰(Confidence) ➡ 고객 충성도 확보 ➡ 고객 네트워크 형성

신뢰

최고가 아닌 최선을 고객에게 제시하자.

고객은 내 가족이다.

고객 충성도

고객 충성도 확보 = 한번 고객은 평생 고객이다.

고객만족($y = x$) →

고객기대 초월($y = 2x$) →

고객기쁨($y = x^2$) →

고객감동($y = x^2 + n$)

(x = 고객 기대수준, $x \rangle 2$, y = 기대치에 대한 결과, n =신규고객)

$$y = \sum_{x=1}^{\infty} 2^x = 2 + 4 + 8 + 16 + 32 + \sim$$

X

OO

OOOO

OOOOOOO

OOOOOOOOOOOOOOO

OOOOOOOOOOOOOOOOOOOOOOOOOOOOOOO

고객에게 상품을 파는 것이 아니라 자신을 판다.

성공은 남들보다 정말 조금만 더 노력하면 얻을 수 있다.

시작할 때 차이는 미미하지만 시간이 흐름에 따라 갭은 기하급수적으로 커진다.

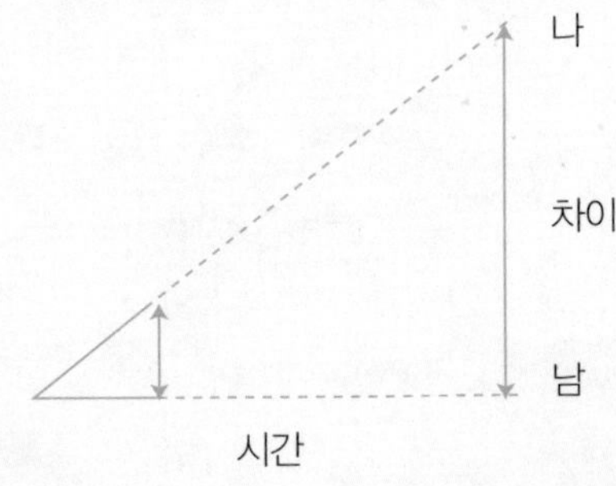

7월도 이제 반을 훌쩍 넘어 22일이 되

었다. 이번 주부터 초등학교가 방학에 들어감으로써 본격적인 휴가철

이 시작되었다. 백화점 의류업계에서는 지금부터 8월 10일경까지 약

20일이 가장 비수기다. 이노스 점원 영숙은 손님이 없는 매장을 지키고

서 있기가 지겨운 듯 연방 하품을 했다.

성주는 이렇게 오는 손님만 기다리고 있기에는 시간이 없다는 생각

이 들었다. 7월 초에 오르던 매상이 7월 중순을 넘어서자 급감하여 이

러다 예년 실적에 이르지 못할 것 같았다. 이럴 때 무슨 묘책이 없나?

이렇게 뭔가 탁 막혀서 답답할 때 누군가와 상의라도 할 수 있으면 좋

겠다는 생각이 들었다. 머릿속에 이 사람 저 사람을 떠올렸다. 문득 이

133

과장이면 조언을 해주지 않을까 하는 생각이 들었다. 성주는 수화기를 들어 이 과장의 휴대전화 번호를 눌렀다.

"이정섭입니다."

"이 과장님. 안녕하세요? 저 이노스 성주예요."

"성주 씨가 제게 전화를 다 주시고 웬일이세요?"

"다른 게 아니고 시간이 괜찮으면 제가 과장님에게 자문을 구하고 싶은 것이 있어서요."

"아! 그래요. 그런데 제가 성주 씨에게 도움이 될지 어쩔지 모르겠는데. 무슨 일인데요?"

"스포츠 의류는 그래도 휴가철 특수가 있어 매출이 잘 오르는 시기이지만 저희 숙녀복은 지금이 아주 저조한데요. 요즘 손님도 없고 이대로 가만히 있기가 답답해서 무슨 좋은 방법이 없을까 해서요. 제가 다음 달까지 매출을 예년 정도로 회복하지 못하면 문제가 생길 것 같기도 해서 마음만 답답하네요."

"성주 씨 마음 이해합니다. 글쎄요. 요즘은 오는 손님만 기다리면서 장사하는 때는 아니죠. 일전에 상현 씨가 저희에게 해준 말 가운데 첫번째가 고객과 신뢰를 쌓고 그 다음에 충성도 있는 고객을 확보하라고 했잖아요. 성주 씨는 충성도 있는 단골 고객들이 좀 있나요?"

"당연히 있죠. 그래도 그런 고객들이 있었기에 지금까지 어느 정도 매출을 유지할 수 있었던 거죠."

“그래요. 그럼 그런 단골 고객들이 매장에 오기만을 기다리기보다는 적극적인 홍보활동을 벌여 고객을 끌어들이는 방법을 써보세요.”

“과장님 말씀에 동감하는데요. 구체적으로 어떤 방법이 있을까요? 혹시 추천할 만한 좋은 방법이 있나요?”

“글쎄요. 우선 제가 꾸준히 하는 것 하나를 말씀드리면, 사실 이 방법도 전에 상현 씨에게 배운 것인데, 고객에게 편지를 쓰는 거예요. 물론 고객에게 편지 쓰는 방법은 많이 사용하는 홍보전략 가운데 하나인데 중요한 것은 편지 쓰는 일 자체에 초점을 맞추기보다는 한 줄을 적더라도 고객에게 진심 어린 편지를 쓰는 것이 중요해요. 성주 씨도 전에 보니 고객관리 수첩이 있는 것 같던데, 고객 수첩에 있는 정보를 이용해서 고객에게 특별한 날이나 기념일 또는 고객 가족과 관련된 날에 편지를 써보세요. 물론 물건을 사달라는 식으로 쓰면 안 되겠죠. 진심을 담아서 같이 기뻐할 일은 기뻐해주고 기념할 일은 기념해주면 되는 거예요. 저는 하루에 두 통은 꼭 써서 보내요. 요즘은 편리성을 찾아 이메일로 보내는 경우가 많은데 가급적 편지지에 직접 글을 적어 보내면 고객들의 반응이 더 좋습니다.”

“네, 과장님. 그거 좋은 방법 같네요. 저도 고객 수첩에 웬만한 고객 분 생년월일, 결혼기념일 등을 적어두었으니 그런 정보를 이용하면 좋겠어요.”

“고객 수첩을 정리할 때 한 가지 조언을 해드리면 생년월일이나 결혼

기념일뿐만 아니라 평소 고객과 대화할 때 그분의 세세한 정보를 듣고 기록해둔 다음 그분에게 편지를 쓸 때 그런 세심한 부분까지 적는 것입니다. 고객은 큰 것에만 감동하지 않아요. 고객과 관련된 좋은 일을 기억해주고 말해주세요. 편지를 쓸 때 그분의 좋은 점들을 머릿속에 떠올려 보세요. 그리고 그런 내용을 진심을 담아서 칭찬해주세요. 그럼 고객은 분명이 감동할 거예요. 그런 진심 어린 편지를 받고는 그 다음 날 찾아오시는 분들이 실제로 상당히 많아요.”

“알았어요. 진심을 담아 고객에게 안부를 묻고 칭찬을 하라는 말이네요. 과장님, 다른 좋은 방법은 또 없나요?”

“아! 글쎄요. 이건 돈이 조금 들어가는 방법이긴 한데 그래도 투자 대비 실제 수익을 따져보면 통계적으로 괜찮은 방법이긴 한데요. 불경기일수록 적극적인 홍보 방법으로 단골들에게 작지만 꼭 필요한 것을 골라 선물을 보내는 거예요. 하나 추천을 드리면, 여름철에 비가 많이 오잖아요. 그러니 가지고 다니기 좋은 우산을 골라서 단골 몇몇 분에게 선물로 보내보세요. 뿌린 만큼 거둔다는 말이 있잖아요. 받으면 갚는 것이 우리 국민성이기 때문에 작은 선물에도 감동하고 결론적으로 좋은 결과를 맺게 되는 것 같아요.”

“과장님! 고마워요. 오늘 알려준 두 가지 방법은 바로 해볼게요.”

“그러세요. 그런데 그중 편지쓰기는 지속적으로 꾸준히 못할 것 같으면 시작하지 마세요. 무언가 좋은 결실을 맺기 위해서는 꾸준히 성의껏

하는 것이 중요해요. 제 말 무슨 뜻인지 알죠?"

"네. 알았어요."

성주는 이 과장과 통화하니 가슴이 조금은 뚫리는 듯했다. 좋은 생각이나 아이디어는 무엇보다 바로 실천하는 게 중요하다는 상현의 말이 문득 생각났다. 성주는 영숙에게 매장을 맡기고 8층에 있는 문구점으로 가서 예쁜 편지지와 편지봉투를 골랐다. 그리고 7층에 있는 잡화점에 들러 우산을 보았다. 정말 보기 좋고 세련된 우산이 많이 전시되어 있었다. 고객들의 수준을 감안하여 조금은 비싸도 디자인이 세련되고 가지고 다니기에 편한 것으로 10개를 골라 가지고 매장으로 돌아왔다.

성주는 매장에 오자마자 바로 실행에 들어갔다. 우선 우산 열 개를 보내줄 고객 열 명을 매출액 순서로 선정했다. 영숙에게 포장을 부탁하고 보낼 주소 리스트를 넘겼다. 성주는 달랑 우산만 보내는 것이 왠지 어색한 생각이 들어 고민하다가 작은 카드에 안부를 묻는 글을 몇 자 적어 우산과 동봉했다. 우산 보내는 작업을 모두 마친 성주는 왠지 복권을 사고 발표를 기다리는 듯한 기분이 들었다.

성주는 그 다음 고객 중 누구에게 편지를 보내야 하나 생각했다. 우선 고객 수첩을 보고 앞으로 한 달 안에 기념일이 있는 고객을 추려보았더니 대략 아홉 명 정도 나왔다. 그리고 친분이 많은 고객을 추려보니 추가로 열 명 정도 뽑을 수 있었다. 이렇게 해서 우선 열아홉 분에게

편지를 쓰기로 했다. 오랜만에 펜을 들어 편지를 쓰려니 무슨 말을 써야 할지 막막했다. 성주는 이 과장과 통화할 때 들었던 편지 쓰는 방법을 떠올려보았다. 우선 편지 쓸 고객의 얼굴을 떠올려 보았다. 고객이 자신에게 잘해준 기억과 좋은 점들을 떠올리려고 노력했다. 그렇게 생각하고 그런 점을 느낀 대로 적다 보니 글이 조금씩 적히기 시작했다. 무엇보다도 고객을 가족처럼 편하게 생각하고 좋은 점을 칭찬하며 진심으로 행복하기를 바라는 마음으로 편지를 쓰다 보니 글을 쓰는 사람 마음까지 따뜻해졌다. 편지지 한 페이지 가득 글을 쓰고 나서 다시 읽어보았다. 성주의 입가에 미소가 떠올랐다. 첫 번째 편지를 쓰고 나니 두 번째 편지는 더 잘 써졌다. 오늘 목표인 두 통을 다 쓰고 파란색 편지 봉투에 정성을 다해 고객의 주소와 이름을 적고 우표를 붙였다. 아직까지 오늘 장사는 개시도 못했건만 여느 때와 달리 기분은 날아갈듯 좋았다.

안녕하세요? 수현 씨

이노스 김성주예요. 매장에 오실 때는 늘 고객님이라 불렀는데 편지에도 고객님이라 하려니 너무 정이 없는 것 같아 이름을 불러 봅니다. 연일 더위가 맹위를 떨치고 있네요. 이런 날씨에 수현 씨는 어떻게 일을 할까 생각해보니, 하시는 일이 자동차 세일즈이다 보니 여기

저기 돌아다니면서 일하실 것 같아 정말 힘들겠다는 생각이 들었어요. 저는 여름에 더위는 견딜만한데 겨울 추위는 견디지 못해요. 하루 종일 백화점 매장에 있다 보면 에어컨이 장난 아니게 세차게 나와 다리가 시려 치마를 못 입겠어요. 이 더운 여름에 추워서 힘들다고 하면 행복한 투정이겠죠?

애들은 이제 방학했겠네요. 아들 재현이와 딸 주현이 모두 잘 있죠. 지금도 수현 씨를 생각하면 지난번 매장에 왔을 때 데려온 애들이 먼저 떠올라요. 특히 눈이 크고 똘똘하게 생긴 주현이는 수현 씨를 쏙 빼닮은 것 같아요. 두 분이 어디에 있어도 모녀지간이라는 것을 곧바로 알 수 있게요. 직장생활하면서 애들을 그렇게 예쁘게 키운 것을 보면 수현 씨는 여러모로 능력이 대단한 것 같아요.

저도 애들을 키워봤지만 돈 번다는 핑계로 어머니가 다 맡아서 키워 애들 크는 동안 별로 한 게 없어요. 누가 따로 돌보아주는 분이 없으니 매일 아침 출근할 때 바삐 움직여 애들 유치원 데려다주고 다시 저녁에 데려오고 하려면 그 일이 만만치 않을 텐데 말이에요.

요즘 자동차 영업은 어떠세요? 모든 일이 남녀 구분이 없지만 그래도 여자가 하기에 쉬운 일이 아닌데 어찌 보면 수현 씨의 시원시원한 성격과 활동적인 경향이 그 일에 잘 맞겠다는 생각도 들어요. 저희 매장에 오시는 고객 중에 가끔 차를 바꾸려는 분들이 계세요. 그런 분들 얘기 들을 때마다 수현 씨가 생각나는데 언제 오실 기회가 있으면 수현 씨 명함과 팸플릿 몇 개만 저에게 주세요. 수현 씨를 소개해드리게요.

여름철에 가장 중요한 것은 건강관리겠죠? 많이 돌아다니는 일인 만

139

큼 몸 보신 되게 맛있는 것 많이 드시고 올 여름 건강하게 나세요.

　　수현 씨 하는 일에 늘 행운이 가득하고 가족 모두 행복하기를 바랍

니다.

- 김성주 올림

CHANGE and CHANCE

편지를 쓰고 고객에게 우산 보내는 일을 다 마치고 나니 오후 6시가 되었다. 오후 시간이 어떻게 지나갔는지 모르게 휙 지나간 것이다. 성주는 매장 입구에 계속 서 있는 영숙이 힘들 것 같아 불렀다.

"막내야! 내가 매장 지키고 서 있을게 가서 간식이라도 먹고 와. 손님이 많아야 일이 재미있는 건데 그렇게 손님 오기만을 기다리고 있으니 더 힘들지? 가서 좀 쉬고 와."

성주의 말에 영숙은 생글생글 웃으면서 지하 식품관으로 향했다.

성주는 오랜만에 매장 입구에 손님을 기다리는 정자세로 서 보았다. 좌우를 살펴보아도 손님은 보이지 않았다. 건너편 오른쪽 매장에 나이

가 지긋하고 옷을 약간 허름하게 입은 60대로 보이는 여자분이 매장 앞에서 디스플레이된 옷을 쳐다보고 있었다. 그 매장에 서 있는 점원은 아예 말도 걸지 않고 정면만 쳐다보고 있었다. 옷 차림새나 연세로 보아 숙녀복 코너의 옷을 사실 분이 아닌 듯 보였다. 그 손님은 걸어오면서 성주의 맞은편 매장 입구에 디스플레이된 옷을 유심히 쳐다보았다. 앞 매장에 있는 매니저가 손님이 왔는가 하고 나왔다가 실망하는 기색을 보이더니 연세에 맞는 부티크 옷은 5층에 가면 있다고 말하곤 들어가버렸다. 그 여자분의 얼굴이 빨갛게 달아오르는 것이 보였다.

여자 손님은 그렇게 매장을 쭉 돌면서 앞에 디스플레이된 옷을 유심히 보다가 성주의 매장 앞에도 와서 구경했다. 가까이 보니 성주도 이곳에서 옷을 사실 분이 아닌 것 같다는 느낌이 왔다. 하지만 성주는 그 여자분을 보니 갑자기 집에 있는 엄마 생각이 났다. 옷을 파는 것을 떠나서 친절하게 잘해주고 싶은 마음이 들었다. 성주는 치아를 드러내 환하게 웃으면서 그 손님에게 말을 걸었다.

"고객님! 여기에 디스플레이된 옷도 괜찮지만 매장 안에 상품이 더 많아요. 안으로 들어오셔서 편하게 구경하세요."

매장 안으로 들어오라는 말에 그 여자분의 굳은 얼굴이 살짝 펴지는 게 보였다. 성주의 말에 손님은 매장 안으로 들어왔다. 앞 매장에 있는 매니저가 성주를 보고 양손 손가락으로 X를 그리며 아니라는 신호를 보냈다.

“고객님, 여기저기 돌아다니며 구경하시느라 힘드실 것 같은데 우선 여기 앉으세요. 옷 구경은 천천히 하셔도 돼요. 제가 시원한 녹차 한 잔 타 드릴게요. 녹차 괜찮죠?”

성주의 말에 그 여자분은 조용히 고개를 끄덕거렸다. 성주는 아이스 녹차를 만들어 고객 탁자에 올려놓고 건너편에 앉으며 말을 건넸다.

“고객님, 밖에 덥죠? 전 여기서 하루 종일 일하다 보니 바깥 날씨가 더운지 비 오는지 잘 모르고 지내요. 특별히 좋아하시는 옷 스타일이 있으세요?”

마주 앉아 가까이에서 얼굴을 보니 연세는 있으셔도 참 곱다는 생각이 들었다. 손님은 갈증이 났는지 아이스녹차를 반쯤 마시고 내려놓았다.

“저기! 처녀, 고마우이. 참 시원하고 맛있네.”

“호호! 처녀라 하시니까 기분이 묘한데요. 제 이름이 성주이니 그냥 성주라 불러주세요.”

“그러지. 내가 오랜만에 백화점 숙녀복 코너에 오긴 했는데 구경하라고 말 걸고 안으로 들어오라고 한 사람은 성주 씨가 처음이야. 내가 그렇게 없어 보이는가?”

“아니에요, 고객님. 솔직히 말씀드리면 고객님 연세에는 여기보다 위에 있는 부티크 옷이 더 어울릴 것 같아 그런 걸 거예요.”

“아! 그래. 그런데 난 그런 나이 들어 보이는 옷이 싫어. 내 나이가 비록 61세로 올해 환갑이지만 마음은 아직도 17세 소녀야. 우습지? 나이

143

먹은 할머니가 이런 말을 하니?"

"아니에요, 고객님. 옷은 나이와는 상관 없어요. 고객님! 유명한 패션 디자이너 중에 코코 샤넬이라는 분이 있는데요. 그분이 요즘 명품 중의 명품이라는 샤넬 창시자예요. 그분이 '사람들은 내가 옷 입은 모습을 보고 비웃었지만 그것이 바로 내 성공 비결이었다. 나는 그 누구와도 같지 않았다' 라는 말을 하셨어요. 그분은 그 당시에 전혀 어울리지 않는 옷들을 만들고 또 직접 입고 다녔어요. 그런 패션이 처음에는 웃음거리가 되었지만 그 차별성 덕분에 시간이 흐를수록 점점 대중에게 익숙해져 오늘날의 샤넬이 됐다고 하네요. 고객님! 옷 입는 스타일을 두고 누가 뭐라고 해도 그 옷을 입고 만족하고 또 그것을 통해 자신감을 얻고 행복하면 되는 거라고 생각해요."

"그래! 맞는 말이야. 내가 평생 돈만 모을 줄 알았지 쓸 줄은 몰라서 자식들이 성화야. 돈 놔두고 뭐 하느냐고. 옷도 사 입고 차도 바꾸라고 하는데, 전에는 아무리 그래도 그 말이 잘 들어오지 않았는데 올해 초에 내 짝을 먼저 보내고 나니 돈이라는 것이 부질없다는 생각이 들어. 그래서 이제 움켜쥐고 있지만 말고 쓰기도 하고 베풀기도 하면서 살려고."

"그러세요. 행복은 돈에 있는 것이 아니라 그 행복을 찾기 위해 열심히 노력하는 과정에 있다고 하더라고요. 돈과 그 밖에 필요한 것들은 열심히 살다 보면 자연히 따라오는 거라고 믿으며 살고 있어요."

"그래! 처자 말이 맞아. 내가 이렇게 인생을 돌아보아도 지금은 돈은

많지만 가장 행복한 시기는 아닌 것 같아. 젊었을 때 남편이랑 보따리 장사하면서 땀 흘리고 한 푼 두 푼 벌 때가 가장 행복하고 즐거웠던 것 같아.”

여자분의 말이 끝날 즈음 간식 먹으러 간 영숙이 돌아왔다. 영숙은 손님을 보고 공손히 인사했다.

“여기는 같이 일하는 애도 교육이 잘 되어 있구면. 암! 이렇게 해야 성공할 수 있는 거야. 참! 내 나이에 원피스를 입어도 되는지 모르겠는 데 더 나이 먹기 전에 한번 입어보고 싶어. 나한테 어울릴 것 몇 개 골라줘 보겠나?”

성주는 일어나서 매장에 있는 옷들을 쭉 보다가 이쪽저쪽에서 원피스 세 개를 내놓았다. 화사한 노란색 원피스와 진한 밤색 그리고 시원해 보이는 연회색, 이렇게 세 개를 보여주며 말했다.

“고객님! 골고루 한번 골라 보았어요. 고객님 얼굴이 나이에 비해 곱고 체격이 작고 아담하시기 때문에 어떤 것을 입어도 괜찮을 것 같은데요. 너무 파진 옷들은 빼고 정숙하면서 색상이나 디자인이 깔끔한 걸로 골라봤어요.”

손님은 성주가 골라놓은 옷을 한참 보더니 그중 노란색 원피스를 보며 빙그레 웃었다.

“내가 이 노란색 입어도 괜찮을까?”

“그럼요! 일단 입어 보세요. 그냥 보는 것과 입어 보는 것은 다르니

입어 보세요. 꼭 사시라는 것이 아니니까 부담 갖지 말고 입어 보세요.”

옷을 갈아입은 손님은 마치 소녀 같은 미소를 띠면서 탈의실에서 나왔다.

“나 어때?”

성주는 손님이 옷을 입고 나온 모습을 보고 자신도 나중에 저렇게 곱게 늙으면 좋겠다는 생각을 문득 했다.

“고객님! 제가 옷을 팔려고 드리는 말씀이 아니라 고객님 취향이나 지금 고객님이 입고 있는 옷 그리고 옷을 입고 나서 고객님이 느끼는 만족감이 모두 일치하는 것 같아요. 참 보기 좋아요.”

“그래? 그럼 나 이거 살래. 참! 우리 아들에게 전화 좀 하고. 우리 아들도 쇼핑한다고 같이 왔는데 여기 어디에 있을 거야.”

손님이 전화를 걸어 통화하고 조금 있으니 키가 훤칠한 남자분이 두리번거리다가 어머니를 발견하고 달려왔다.

“어머니! 여기 있었네요. 옷 고르셨어요?”

“응! 저기 노란색 원피스 어떻니? 색이 조금 그런가?”

아들은 어머니가 가리키는 원피스를 보자마자 환한 웃음을 지으며 말을 이었다.

“어머니! 잘 골랐어요. 저렇게 환한 것 좀 입어요. 보기 좋겠네요. 참, 저거 얼마예요? 계산해야죠.”

아들은 성주를 보며 가격을 물었다.

"방금 어머니께서 계산하셨는데요."

"어! 내가 오늘 어머니 환갑기념으로 옷 하나 사주려고 했는데 어머니가 먼저 계산하면 어떻게 해. 이미 계산했다니까 그럼 환갑기념 식사할 때 더 맛있는 것 사드릴게요."

"아이고, 이놈아! 돈도 별로 못 버는 것이 배포는 커서 뭘 그렇게 사준다고 해. 넌 엄마랑 이렇게 같이 돌아다녀주고 나 데리고 다니는 것만으로 충분해. 내가 너 아니면 이런데 혼자 왔겠니?"

모자는 이런저런 얘기를 나누더니 옷 포장이 끝나자 고맙다는 말을 남기고 나갔다. 나가는 길에 여자분은 매장 이름을 다시 한 번 쳐다보았다. 그러면서 한마디를 남겼다.

"이봐! 성주 씨. 내 여기 매장 이름 이노스 꼭 기억할게. 오늘 정말 고마웠어. 옷도 옷이지만 내게 자신감을 심어주어 정말 고마우이."

성주도 고객의 말을 듣자 정말 기분이 좋아졌다. 무엇보다 남들이 하지 않은 무언가 해냈다는 생각이 들어 가슴이 뿌듯했다.

7월의 마지막 날, 밖에는 장마로 벌써 며칠째 비가 오고 있었다. 성주는 이번 달 마감을 하면서 매출액을 계산해보았다. 작년 7월 매출이 4,200만 원이었는데 어제까지 3,800이나 400이 모자랐다. 잘하면 예년 수준까지는 맞출 수 있을 거라고 생각했건만 요 며칠 장마 탓인지 그나마 없는 손님이 더 없었다. 성주는 계산을 해보고 오늘 아침에 쓰다가

못 마친 편지를 쓰기 시작했다. 편지를 보내기 시작한 지 일주일이 지났다. 처음에는 쉽게 생각했다가 이러한 노력이 과연 무슨 소용이 있을까 하는 생각이 들어 포기하려고 했지만 별로 해보지도 않고 포기한다는 것이 마음에 걸려 계속하기로 매일매일 다짐했다.

오전은 이것저것 물건 정리하고 7월 매출자료를 정리하고 나니 금세 가버렸다. 점심을 순정이와 함께 먹으며 7월 매출을 물어보니 간신히 작년 수준에 맞추었다고 했다. 성주는 내심 걱정이 커졌다. 소문에 듣자 하니 8월 말 20% 매장 조정 공표 때문에 매장 매니저들은 실적이 작년에 비해 저조한 경우 자신의 카드로 매출을 그어 최소한 예년 수준에 맞추고 있다고 했다. 모두 매출실적에서 밀리지 않으려고 사활을 건 게임을 하는 양상이다.

성주도 이 소문 때문에 고민을 안 할 수 없었다. 6월에 이어 7월에도 두 달 연속 매출액이 역신장하면 정리대상에 오를 확률이 높았다. 성주도 자기 카드로 매출을 만들어 예년 수준을 맞출까 고민해보았지만 그렇게 했다가는 카드빚을 어떻게 감당할까 싶어 도저히 자신이 없었다.

점심을 먹고 매장에 오니 처음 보는 손님 다섯 분이 옷을 고르고 있었다. 얼핏 봐서는 함께 온 것 같았다.

"안녕하세요? 고객님! 이노스 매니저 김성주입니다. 둘러보시고 필요한 것 있으시면 제게 말씀해주세요."

다섯 분 중에 나이가 가장 들어 보이는 여자분이 성주의 인사에 같이 인사하며 말을 건넸다.

"안녕하세요? 일전에 저희 어머니께서 노란 원피스를 사가신 적이 있는데 그분 기억하세요?"

노란 원피스 하니 성주는 금세 생각났다.

"그럼요! 그때 아드님이랑 같이 오셨는데 노란색 옷이 참 잘 어울리셨어요. 얼굴이 고우셔서요."

"네. 저희는 그분 딸과 며느리예요. 어머니가 내일이 환갑이신데 꼭 여기서 옷을 한 벌씩 사라고 돈을 주시더라고요. 다른 데서는 안 되고 꼭 여기서 사는 조건으로 말이에요. 우리 엄마가 옷 사라고 돈 준 것은 제가 태어나서 처음이에요. 우리 엄마에게 어떻게 해주셨기에 그렇게 홀딱 반하게 하셨죠? 그 비법 좀 알려주세요. 딸이지만 전 아직도 엄마 마음 맞추기가 쉽지 않은데……."

"어머! 그렇게 절 잘 봐주셨다니 정말 고마운 말이네요. 저는 그저 성심 성의껏 고객님을 모신 것 외에 별달리 한 것이 없어요. 참! 며칠 전에 편지 한 통 보낸 적 있네요. 환갑 축하 인사 드리고 건강하시라고요."

"아! 그 편지 매니저님이 보낸 거예요? 엄마가 뭔 편지를 몇 번 읽으면서 아이처럼 좋아하시던데. 아! 역시 뭔가 다른 점이 있긴 있네요. 어쨌든 엄마가 여기서 옷을 한 벌씩 사서 내일 환갑기념 가족 사진 찍을 때 입고 나오라고 하니 옷을 골라봐야겠어요."

　다섯 분의 딸과 며느리가 매장에 있는 옷을 이것저것 입어보고 거울에 비추어 보며 즐겁게 옷을 고르고 입는 모습이 아름다워 보였다. 다섯 분에게 정신 없이 옷을 입혀 보고 수선해주고 나니 두 시간이 금세 지나갔다.

　"김 매니저님, 이거 다 얼마지요?"

　"네. 잠깐만요."

　성주는 계산기를 꺼내어 계산했다. 이렇게 한꺼번에 옷을 많이 팔아보기는 오랜만이라 실수하지 않으려고 계산을 몇 번 다시 해보았다.

　"네. 총 370만 원 나왔는데요."

　"여기 수표 드려도 되죠. 우리 엄마는 카드를 안 쓰셔서 수표 다섯 장 주시면서 이거 다 쓰라고 하던데 조금 남네요."

　"어머! 정말 좋겠어요. 사실 어머님이 매장에 오셨을 때 저도 어머니를 모시고 살기 때문에 제 어머니 같다는 생각이 들었어요. 모든 어머님이 그렇지만 참 좋은 어머님이 같이 계셔서 좋겠어요."

　"아! 그래요? 하긴 저희 어머니가 올해 아버지 돌아가시고 생각이 많이 바뀌셨어요. 옛날에는 그 많은 건물이고 땅이고 꼭 움켜잡고 자식들에게 버릇된다고 하나도 안 주시더니 요즘은 조금씩 베푸시더라고요. 저희는 좋죠, 뭐. 호호!"

　계산을 마치자 모두 옷 가방을 하나씩 들고 즐겁게 인사하며 나갔다. 성주는 손님들이 가자마자 고객 카드에서 사모님 전화번호를 확인해

전화를 걸었다.

"여보세요. 안녕하세요? 이노스 김성주예요."

"아! 그래. 성주 씨 잘 있었지?"

"오늘 사모님 때문에 감동받았어요. 제가 장사하면서 이렇게 고마운 마음이 든 적이 없었던 거 같아요. 정말 감사합니다. 제가 고객들에게 만족을 주고 기쁨을 주고 감동을 드려야 하는데 오히려 제가 받네요. 오늘 따님들이랑 며느리분들이 오셔서 옷을 사가셨어요. 정말 고맙습니다."

"그래! 성주 씨가 마음이 따뜻하고 손님들에게 잘 해주어서 받는 거라 생각해. 세상 모든 일이 다 하는 만큼 돌려받게 되어 있어요. 지금처럼 남들보다 조금만 더 친절하고 조금만 더 열심히 하면 분명히 잘될 수 있어요."

"네. 알겠습니다."

성주는 전화를 끊고 사모님이 한 말씀을 떠올렸다.

'세상 모든 일이 다 하는 만큼 돌려받게 되어 있다.'

상현 씨가 한 말이 문득 생각났다. '모든 일의 결과에는 그 합당한 원인이 있다.' 불변의 진리인 '뿌린 만큼 거둔다'는 말이 새삼 가슴에 와 닿았다. 왜 이런 평범한 진리가 전에는 아무런 의미 없이 느껴지다 지금 이 순간 가슴 깊이 느껴지는지 참 신기하기만 했다.

시계를 보니 4시를 가리켰다. 7월 매출 마감 자료를 다시 수정했다. 예년 매출에 비해 30만 원 모자랐다. 아직 일을 마치려면 4시간이 남아

있었다. 이 시간 안에 마저 열심히 하면 예년 매출을 맞출 수 있을 것 같은 좋은 예감이 들었다. 이런 생각을 하고 있는데 낯이 익은 손님이 반갑게 들어왔다. 자동차 영업을 하고 있는 이수현 씨였다.

"어머! 안녕하세요? 고객님!"

"네. 오랜만이에요. 잘 계셨죠. 며칠 전에 보내준 편지 잘 읽었어요. 처녀 때 신랑에게 편지 몇 통 받아보고 정말 오랜만에 편지 받아본 것 같아요."

"네. 안부가 궁금해서 보냈어요. 불쑥 보내 실례가 안 되었는지 모르겠네요."

"실례는요. 호호! 저기 앞으로 그냥 제가 언니라 부르면 안 될까요? 그리고 저를 부를 때 고객님이라 하지 말고 편하게 제 이름을 불러주세요. 수현 씨라고요."

"그러면 저도 좋죠. 수현 씨……. 참! 차 팸플릿과 명함 가지고 오셨나요? 제 손님 중에 아주 제 말이면 밥이 떡이라고 해도 믿고 잘 해주시는 분이 있는데 이번에 차를 바꾸신다고 해서 제가 잘 아는 동생에게 사달라고 부탁했어요. 그랬더니 그렇게 하신다고 했는데. 내일 매장에 오신다고 했으니 제가 수현 씨에게 전화하면 여기 오셔서 잘 말씀해보세요."

"고마워요. 언니! 그렇지 않아도 요즘 판매가 부진해서 그랬는데 이렇게 도와주시니 정말 고맙네요. 그런데 그 사모님 사시고 싶은 차종이

어떤 건지는 아세요? 아니면 지금 타고 다니는 차가 어떤 건지 알면 제가 영업하기에 좋을 것 같은데."

"아! 그래요. 제가 물건 들어주느라 주차장에 몇 번 같이 간 적이 있는데 차는 체어맨 타고 다니시던데요. 제가 언뜻 보기에는 약간 클래식한 분위기를 좋아하는 것 같아요. 게다가 이번에는 외제차를 한번 사볼까 하는 생각이 있는 것 같아요. 그래서 더더욱 수현 씨 생각이 났어요. 팸플릿 좀 볼 수 있나요? 제가 그분이 좋아할 만한 디자인을 골라 볼게요. 저희 매장에 5년 이상 꾸준히 다니시는 분이라 취향을 조금 알 것 같아요."

수현이 가지고 온 팸플릿에서 여러 모양의 차를 쭉 훑어보니 눈에 띄는 것이 있었다.

"어머! 이 모델, 그 사모님이 좋아할 만한데요. 전체적으로 부드럽고 품위가 있어요. 그렇게 튀어 보이지도 않고."

"그래요. 언니 보는 눈이 있네요. 이 차가 조금 비싸긴 한데 그래도 고가 손님들이 가장 많이 찾는 모델이에요. 대당 1억 정도 해요."

"어머! 무슨 차가 1억이나 해요. 차에 금테라도 둘렀나 보죠. 호호호! 하여튼 그 사모님은 돈에는 그렇게 구애받지 않고 사시니 잘하면 살 수 있을 것 같네요. 내일 연락할게요. 아마 오후 3시쯤 될 것 같아요."

"언니! 정말 고마워요. 제가 성사되면 한턱 톡톡히 낼게요."

"그래요. 성사되면 어디 가서 시원한 생맥주 한잔 사세요. 더워서 그

런지 요즘은 시원한 맥주가 생각나요.”

“참! 언니, 온 김에 위에 걸치고 다닐 옷 좀 골라주세요. 외제차를 팔다 보니 만나는 고객들도 그렇고 옷에 신경을 안 쓸 수 없네요.”

“그래요! 그럼 옷을 이렇게 입어보세요. 일단은 화려한 디자인은 안 되고 최대한 심플하면서 단정하며 단아하게 보이는 옷을 입어 보세요. 지금처럼 바지를 입는 것도 괜찮지만 검은색 치마 위에 이런 것 어때요? 한번 입어 봐요. 분위기가 조금 달라 보일걸요.”

성주는 감색 바탕에 하얀 무늬가 살짝 들어간 옷을 꺼내 입어 보라고 했다. 그리고 검은색 치마를 하나 골라서 드레스 룸으로 안내했다.

“참! 수현 씨, 검은색 치마는 있죠? 작년 여름에 사간 거?”

드레스 룸에서 옷을 갈아입고 있는 수현에게 물었다.

“네, 언니. 있어요. 그런데 입고 다니다가 밑단이 어디에 걸렸는지 조금 찢어져서 올해는 못 입겠어요.”

“그래요? 그럼 내일 올 때 그 치마 가지고 오세요. 제가 보고 수선 가능하면 수선해드릴게요.”

“어머! 그렇게 해주시겠어요. 그러면 저야 좋죠. 저도 그 치마 디자인도 좋고 해서 마음에 들었는데 그렇게 찢어져 정말 속상했어요.”

수현은 옷을 입고 드레스 룸에서 나와 전면 거울 앞에 서서 자신을 쳐다보았다.

“와! 분위기 끝내주는데요. 옷이 날개라고 하더니만 이러니 여자들이

옷에 욕심을 안 낼 수 없지요. 언니, 이 옷 정말 맘에 들어요. 이것으로 할게요.”

“수현 씨, 그럼 이렇게 해요. 내가 치마까지 포장해서 줄 테니 내일 제가 전화하여 오라고 하면 딱 이렇게 입고 오세요. 그 사모님 옷 잘 입은 여자분들 좋아하는 경향이 있어요. 지금 사신 옷은 검은색 치마랑 입어야 제격이니 내일 하루 입고 와서 사모님 만나 영업한 뒤 제게 주시면 되죠. 그리고 전에 산 것은 수선하게 가져오고요.”

“언니! 그렇게 해주시겠어요. 정말 고마워요.”

계산을 마친 수현은 내일 보자는 말을 남기고 돌아갔다. 정말 잘 어울리는 옷을 골라준 성주도 마치 자기에게 맞는 예쁜 옷을 산 것처럼 기분이 좋았다.

수현이 사간 여름 블라우스 두 개 매출인 60만 원을 더하니 30만 원 모자랐던 예년 매출에서 이제 30만 원이 남았다. 두 달 연속 저조한 실적만 내다 드디어 예년 매출액을 넘긴 것이다. 매출 계산을 해보던 성주 눈가에 눈물이 살짝 고였다. 몇 달 만에 예년 매출을 넘겼는지 생각하니 감격의 눈물이 흘렀다. 성주는 화장실에 가서 눈물을 닦아낸 뒤 화장을 고치고 돌아왔다. 돌아오는 길에 시계를 보니 7시 30분이었다. 오늘 하루는 어떻게 갔는지 모르게 흘러간 것이다.

성주는 자사 브랜드 웹사이트에 접속하여 매출 결과를 집어넣어 보았다. 전국 매장 45개에서 7월 매출기준 7위를 했다. 매달 40등 주변에

서 놀다가 갑자기 7위를 하니 약간 흥분한 나머지 심장 뛰는 소리가 귀에 들리는 것 같았다. 그것도 의류업계에게 최악의 시즌이라는 7월에 7위를 했다는 것이 성주에게는 다가올 8월, 9월, 10월이 더 기대되게 하는 좋은 신호였다.

돕는 것, 나를 위한 것

8월이 시작되었다. 8월은 여름의
마지막 달이기도 하지만 또한 가을로 들어가는 길목이다. 일반적으로
패션은 계절을 한두 달 앞질러 가는 경향이 있기에 8월 중순 이후부터
는 서서히 가을 상품이 팔리기 시작한다. 성주는 팔리지 않은 여름 상
품을 반품 보내기 위하여 정리하고 조금씩 도착하고 있는 가을 상품을
진열했다. 한참 일을 하는데 순정이 헐레벌떡 뛰어와 성주를 찾았다.

"성주야! 너 그 소식 들었니?"

"무슨 소식?"

"야누스 유나 알지? 그 애가 오늘 자로 그만둔대. 혹시나 해서 매장
에 가보았더니 새 매니저가 와 있더라고."

“그래! 유나 그 애, 여기 부장님과 조금 이상한 말이 있다고 그러지 않았어?”

“맞아. 그래서 더 이상해. 그렇게 꼬랑지 살살 흔들며 온갖 비위 다 맞추어서 특혜란 특혜는 다 받았던 애가 갑자기 나간다고 하니 이상하잖아.”

“글쎄! 네 말을 들으니 뭔가 조금은 이상하다.”

“소문 들으니 조금씩 던져주는 미끼 받아 먹으면서 이용당할 것은 다 당하고 결국에는 차였대. 본사에서 갑자기 판매부진을 핑계로 매니저를 교체한다고 연락이 왔다고 하네. 백화점에서 자체적으로 다음 달 말에 매장 20% 정리하겠다는 계획에 대해 본사 차원에서 한 발 앞서 조치한 것 같아. 그런데 풍문에 따르면 교체 압력을 여기 백화점 측에서 본사에 직접 넣었다는 말이 있어.”

“아이! 정말 안됐다. 그래도 난 유나를 보면 항상 적극적이고 인사성도 밝고 해서 처신만 좀 조심하고 조금만 다듬으면 잘할 수 있겠지 하는 생각이 들었는데.”

“성주야! 우리 저번에 서 과장 술 먹인 것 네 말대로 잘못한 것 같아. 유나 그 애는 허구한 날 김 부장이나 서 과장에게 술 대접하고 몸도 대줬다는 말이 떠도는데 결국에는 이렇게 되었잖아. 아마도, 이런 소문이 조금씩 들리는 것을 눈치채고 더 이상한 소문 돌기 전에 미리 조치를 해버린 것 같아. 왜 작년에 너희 앞 매장에 있던 기연이도 서 과장하고

이상한 소문 돌았잖아. 그 일 있고 3개월 뒤에 결국에는 나갔고. 말도 안 되는 근무태도 불량으로 말이야. 하여간 유나 그년도 말로가 어떻게 되는지 보았으면서도 그 지랄을 떨고 다니더니 결국에는 알고도 당했어. 쯧쯧.”

“순정아! 그러니 우리도 앞으로 조심하자. 앞으로 한 달 바짝 열심히 해서 20% 안에는 들지 말아야지. 요즘 그래도 일이 조금씩 풀리는 것 같은데 8월 말 20% 교체만 생각하면 아직도 머리가 아프고 걱정이 돼. 괜한 트집 잡힐 것이 없어야 우리가 떳떳할 것 아니야.”

“너만 그렇겠니? 나도 그래. 알았어. 일하러 갈게. 나 간다.”

유나가 나갔다는 말에 다소 충격을 받아 많은 생각이 들었다.

성주는 백화점 매니저 주소 리스트에서 유나의 휴대전화 번호를 확인하고 문자를 넣었다.

“유나야! 이노스 언니야. 갑자기 나갔다는 소식 듣고 깜짝 놀랐다. 어디로 가든 잘하고 항상 건강해라.”

유나에게 문자를 보내자마자 바로 답 문자가 날라왔다.

“언니! 그동안 제가 건방지게 군 것 죄송해요. 일이 이상하게 돼서 결국 이렇게 되었네요. 언니, 시간 되면 저녁식사 같이 해요. 상의할 것도 있고요.”

문자를 본 성주는 유나에게 전화를 걸어 백화점 뒤편에 있는 훈제오리 집에서 저녁에 만나기로 약속을 잡았다. 매장 일이 끝나고 성주는

약속장소로 갔다. 음식점에 들어가니 홀 왼쪽 구석 자리에 유나가 앉아 있었다. 유나는 혼자서 맥주를 시켜서 마시고 있었다.

"유나야! 혼자서 무슨 맛으로 맥주를 마시고 있니?"

"언니 왔어요. 저도 금방 왔는데 그냥 혼자 멍하니 있기 뭐 해서 먼저 한잔 마셨어요."

"유나야! 네 얘기는 대강 들었다. 먼저 주문해서 먹으면서 천천히 얘기하자."

훈제오리 한 마리와 맥주 몇 병을 추가로 시켰다.

"그래도 저 나간다고 하는데 잘 가라고 하는 사람은 언니밖에 없네요. 제가 백화점에서 너무 기고만장하게 버릇 없이 행동한 것 같아요. 언니! 우선 제가 그동안 언니에게도 버릇없이 했던 것 사과할게요. 이렇게 나가게 되니 그런 일들이 다 후회가 돼요."

"그런데 유나야! 왜 그렇게 갑자기 나가게 됐니? 나가게 된 이유로 이상한 말이 나돌던데 그게 정말이야?"

"언니! 그래서 정말 억울해요. 제가 판매가 조금 부진한 것은 사실이지만 그래도 7월부터는 조금씩 만회하고 있는데 판매부진으로 매니저 교체하겠다고 갑자기 연락을 받았어요. 이상해서 제가 잘 아는 본사 대리에게 전화해 사정을 알아보니 백화점 측에서 교체하라고 강하게 말했다고 하더라고요. 그 이유가 매출도 매출이지만 뭐 사생활이나 행실이 백화점에 있기에는 적절치 않다는 이유를 대어 본사에서도 어쩔 수

없이 교체하게 되었다고 했어요.”

“그런데 여기서 누가 그렇게 말했지? 그런 전화할 위치에 있는 사람
은 서 과장밖에 없잖아.”

“정말 억울해서 누가 그랬냐고 더 알아봤는데 기가 막혀 말도 안 나
와요. 김 부장이 직접 저희 브랜드 본사 사장님에게 전화해서 그렇게
조치하라고 말했다는 거예요.”

“유나야! 이건 어떻게 생각하면 개인적이고 민감한 질문이기도 한데
언니니까 물어보는 거니 솔직히 말해봐. 너에게 절대 해가 될 일은 하
지 않을게. 너도 알겠지만 너와 김 부장 이상한 소문 나돌고 있는데 그
소문 어디까지가 사실이니?”

유나는 맥주를 한잔 들어 단숨에 마시더니 한숨을 쉬며 말을 이어나
갔다.

“언니! 그 소문을 부정하지는 않겠어요. 그런데 김 부장이 제게 그랬
다는 것이 참을 수 없을 만큼 배신감을 느껴요. 제가 그 사람한테 어떻
게 해주었는데 저를 이렇게 내팽개칠 수 있죠? 언니는 그래도 저랑 같
이 다른 백화점에서 2년간 있어봐서 저를 조금 알잖아요. 제가 원래 이
렇게 백화점 바이어들에게 붙어서 생활하지는 않았어요. 그런데 일이
이상하게 엮여서 여기까지 온 것 같아요.”

“그래. 그런데 유나야! 잘못된 일이 언제 무슨 일 때문에 시작되었다
고 생각하니?”

유나는 기억하기 싫은 일을 다시 꺼내어 말하듯이 머리를 움켜쥐고 괴로워하며 그때 일을 회상했다.

"올해 4월 초로 기억하는데 3월 말까지 3개월 매출액이 예년에 비해 20%나 떨어졌어요. 경기가 안 좋은 탓도 있어서 다시 심기일전하고 일하는데 서 과장이 저녁에 보자고 부르더라고요. 김 부장님이 할 말이 있다고 하면서. 그래서 그 자리에 갔는데 서 과장은 없고 김 부장만 있더라고요."

"불러낸 장소가 어디인데?"

"나이트 클럽이었어요. 그 자리에 가니 김 부장님이 매출 저조한 것 말하면서 옆에서 잘 도와줄 테니 힘내서 잘해보라고 격려해주셨어요. 그땐 정말 기분이 좋았어요. 그래도 부장님이 날 신경 써 준다는 것이 좋은 일이잖아요. 언니도 알지만 제가 춤추고 노는 것을 좋아하잖아요. 그래서 부장님 잘 사귀어두면 나쁠 것도 없겠다 싶어 같이 어울려 술도 마시고 춤도 추고 했는데 제가 그날 술을 너무 많이 마셨나 봐요. 술 때문에 잠깐 정신을 잃고 있었는데 정신을 차려보니 김 부장이 저에게 진한 터치를 하고 있었어요. 제가 그때 정신을 차리고 감정을 조절했어야 하는데 그날 따라 술 탓인지 약간 흥분한 탓인지 김 부장에게 무너지고 말았어요. 그 후 김 부장이 말한 대로 할인 행사가 있으면 꼭 챙겨주고 저희 매장도 조금 넓게 조치도 해주었어요. 그때까지는 그래, 한번 실수했다 생각하자고 가볍게 마음먹었어요. 하지만 그날 이후로 시간만

되면 저를 불러내기 시작했어요. 이러면 안 되는데 생각하면서도 끌려다닐 수밖에 없었어요. 어린애들에게 울면 사탕 하나 주듯이 제가 그만하자고 하면 무언가 하나씩 주면서 유혹하는데 저도 그것에 길들여져 그렇게 됐었나 봐요. 김 부장에게 정말 동물보다 못한 취급도 당하면서 노리개가 되어주었는데 자꾸 이런 일이 반복되니 장사에 신경을 잘 못 쓰고 정신 집중도 잘 되지 않고……. 그래서 계속 부진을 면치 못한 것 같아요.”

성주는 유나의 이야기를 들으며 지난번 자신이 당할 뻔했던 기억이 다시 선명하게 떠올랐다. 그리고 수법이 똑같아 너무 놀랐다.

“그래, 그랬구나. 유나야, 그래 앞으로 어떻게 하려고.”

“저만 이대로 죽을 수 없어요. 이렇게 된 이상 그 새끼도 가만 둘 수 없어요. 어떻게 하면 물 먹일까 생각 중이에요. 꼭 복수할 거예요.”

“유나야! 너 억울한 것은 잘 알겠는데 앞으로 처신도 신중하게 해야 해. 너도 알지만 그런 스캔들로 시끄럽게 만들어 김 부장을 나가게 하면 너도 마찬가지로 앞으로 이 바닥에서 영원히 일할 수 없다는 것 알지. 그리고 너, 계속 일해야 되는 형편이잖아?”

유나는 성주의 말에 고개를 탁자에 파묻고 흐느끼며 말을 이었다.

“언니! 그럼 억울해서 어떻게 해요. 몸종같이 이용만 당하고 이렇게 되어버렸는데요. 그리고 남편에게도 의심받아서 부부 사이도 거의 파탄 지경이에요.”

"유나야! 내 얘기 잘 들어. 내 말은 이번 일을 그냥 묻어두자는 것이 아니야. 그런 사람은 또 너 같은 피해자를 만들 수 있기 때문에 분명히 자신이 행한 행동에 맞는 벌을 받아야 해. 그런데 신중하게 하자는 거야. 너 혼자 그렇게 시끄럽게 떠들면 너만 다칠 수 있어. 너와 비슷한 피해자가 분명히 더 있을 거야. 나도 솔직히 말하면 김 부장에게 불려나가서 거의 당할 뻔하다가 빠져나왔어. 그리고 너랑 비슷하게 매출부진으로 퇴출 압박을 받고 있어. 그 사람이 나를 겁탈하는 데 성공하지 못한 것 때문에 찝찝하고, 내가 혹시 이상한 말을 하고 다닐까 봐 더 날 내보내려고 하는 것 같아. 하여튼 그 문제는 너 혼자만 고민하지 말고 언니랑 같이 상의하면서 좋은 방법을 찾아보자. 알았지?"

"언니도 그런 일이 있었구나. 언니가 하란 대로 할게요. 그런데 앞으로 살길이 막막해요. 무언가 대비할 시간도 없이 갑자기 그만두게 돼서 무얼 어디서부터 다시 시작해야 하는지 모르겠어요."

"유나야! 사실은 그것 때문에 나도 널 한번 보려고 했어. 너 지금 어디 살지?"

"남편 직장과 가까운 용인에 살아요."

"그래! 내가 너 용인에 산다고 들은 것 같아서. 그런데 용인에 신나라 백화점 곧 오픈하는 거 알지?"

"네. 알아요. 거기 오픈하면 타격받을까 봐 우리 백화점도 고민 많이 했잖아요."

“그래. 그런데 거기에 우리 본사 브랜드 포루스가 입점하기로 했거든. 그래서 지금 매니저를 뽑고 있나 봐. 내가 추천서 써줄 테니 이력서에 경력사항 적어서 나한테 줘봐. 내가 한번 시도해볼게. 너 정도 경력이면 될 가능성이 많아서 그래.”

성주의 말에 유나는 흐르는 눈물을 훔치더니 얼굴이 금세 환해졌다.

“정말이오? 언니, 포루스면 잘나가는 브랜드인데 거기만 되면 정말 좋겠어요. 저희 집과도 멀지 않고. 언니, 내일 당장 이력서 써서 보낼게요. 본사에 말 좀 잘 해주세요.”

“그래. 내가 잘 말해줄게. 그런데 나랑 한 가지만 약속하자.”

“무슨 약속이오?”

“소개가 잘되어 그곳에 가게 되더라도 앞으로 네 태도는 정말 여러 가지로 많이 변해야 하는 거 알지? 난 옛날 네 모습을 기억하고 있어. 그때처럼 처음으로 돌아가려고 노력해야 해. 그리고 내가 소개한 이상 내 얼굴에도 먹칠하면 안 된다는 것 알지! 너 또 이상한 스캔들 나면 진짜 안 돼.”

“알았어요, 언니. 저 이번에 이 일 겪으면서 생각한 것 많아요. 예전의 언니가 알고 있는 제 모습으로 돌아갈게요. 언니, 한 번만 저 믿고 도와주세요.”

“그래, 알았다. 자! 그럼 이제 네 걱정거리가 다는 아니지만 꽤 해결된 것 같은데, 건배 하자.”

성주와 유나는 잔을 들었다.

"착한 유나의 앞날을 위하여!"

성주는 다시 활기를 찾은 유나를 보니 기뻤다. 오빠들 틈에서만 자라다 보니 이런 예쁜 여동생 하나 있었으면 좋겠다는 생각을 많이 하곤 했다.

"유나야! 우리 서로 핏줄은 아니지만 친언니 동생처럼 잘 지내자. 너그렇게 할 수 있지?"

"언니! 저를 그렇게 생각해줘서 고마워요. 백화점 소개해주는 것을 떠나 제게 준 따뜻한 마음과 은혜는 절대 잊지 않을게요. 그리고 동생으로서 앞으로 잘할게요."

성주와 유나는 두 손을 꼭 잡았다. 말로 표현할 수는 없지만 둘의 눈빛에서는 이미 친자매 같은 정이 느껴졌다.

기회를 통한 변화

본격적인 휴가 시즌인 8월 초에 접어
들자 백화점에는 더더욱 손님이 없었다.

성주는 오늘도 아침에 고객에게 편지를 썼다. 휴가철이 끝나가는 8
월 중순 이후 승부를 걸어야 하는데 매출이 꾸준히 오르고는 있지만 무
언가 부족한 느낌이 들었다. 오늘은 개시도 하지 못하고 일을 접었다.
이렇게 공치는 날이면 어깨에 힘이 쭉 빠졌다. 백화점에서 나와 헬스클
럽에 가 평소와 같이 러닝부터 운동을 시작했다. 그런데 아무리 둘러보
아도 상현이 보이지 않았다. 좀 이상하다 싶어 상현이 데리고 있는 다
른 트레이너에게 물어보았더니 오늘부터 3일간 휴가를 갔다고 했다.
그 얘기를 들은 성주는 왠지 서운했다. 어제 운동하러 와서 인사하고

애기할 때는 그런 말이 없었는데……. 성주는 왠지 자신이 마음속에 생각하는 상현의 자리와 상현의 마음속에 자리매김된 자신이 다를 수 있다는 생각이 들었다. 약간 실망하여 운동을 마치고 헬스클럽을 나서는데 전화가 왔다. 상현이었다.

"여보세요. 상현 씨! 어디세요?"

"성주 씨, 저 오늘부터 휴가인데 제가 어제 말씀드린다는 것이 깜빡했네요. 저 그냥 집에 있어요. 낮에 누나 댁에 잠깐 갔다 왔고요."

"그런데 무슨 일로 전화하셨어요?"

성주는 괜히 심통이 나서 냉랭하게 물었다.

"성주 씨 지금 운동 끝날 시간인데 괜찮으면 저랑 식사하지 않을래요? 휴가인데 혼자 책이나 읽고 있으려니 시간이 너무 아깝네요. 시간 괜찮아요?"

"아! 잠깐만요. 제 스케줄 좀 확인해보고요. 아, 다행히 비어 있네요. 어디서 볼까요?"

"지금 헬스클럽이죠. 일단 제가 그리로 차 몰고 갈게요. 5분이면 되니 버스 정류장 앞에서 봐요."

상현의 전화를 받은 성주는 갑자기 바빠졌다. 성주는 헬스클럽 화장실로 뛰어가서 급하게 화장하기 시작했다. 화장하다 거울에 비친 자신을 보면서 이런 설렘을 느끼는 자신이 우습기라도 한 듯 싱겁게 웃었다.

화장을 마치고 밖에 나오니 상현이 기다리고 있었다. 휴가라 그런지

상현이 평소와 달리 청바지에 검정 반소매 티를 입고 샌들을 신고 나왔다. 상현은 성주에게 차를 타고 40~50분 거리인 백운호수 쪽으로 식사하러 가자고 제안했다. 그곳에 가면 맛있는 퓨전한식집들이 많으니 같이 식사한 뒤 통기타 가수들이 나오는 카페에서 노래를 듣는 것이 어떠냐는 제의에 성주도 흔쾌히 오케이했다.

백운호수에 도착하여 호수를 사이에 두고 한 바퀴 쭉 돌았다. 성주는 분당에 살면서도 이렇게 가까이 이런 곳이 있는지 몰랐다. 호수를 끼고 자연과 운치 있게 어우러진 음식점과 카페가 즐비했다. 상현은 그 가운데 유명 연예인이 한다는 퓨전음식점에 차를 대고 자리를 잡았다. 그리고 세트메뉴와 성주를 위해 맥주를 한 병 시켰다.

"성주 씨! 저는 차 가져왔으니 술은 안 되고 성주 씨나 한잔 하세요. 그래도 이렇게 좋은데 와서 맥주 한잔은 마셔야 제격이죠."

"그래요. 여기 말만 듣고 처음 왔는데 좋네요. 매일 백화점에만 처박혀 있으니 이런데 올 시간이 있어야죠. 지금 생각해보면 저도 정말 지독하게 일만 하며 산 것 같아요. 오죽하면 같이 근무하던 백화점 언니들이 매장에 보물이라도 숨겨놓았는지 쉬지도 않고 매일 나온다고 저 보고 독한 년이라고 했어요."

"하하하! 독한 년요. 성주 씨와는 안 어울리는 단어 같은데요. 그나저나 요즘은 어떠세요? 며칠 전에 이 과장님을 만났는데 성주 씨가 장사가 잘 안 돼서 상의도 했다고 하더라고요. 그 친구와 상의했다면 좋은

방법을 알려줬을 것 같은데. 정말 능력 있고 좋은 친구예요."

"네. 두 가지를 알려주었어요. 하나는 고객에게 편지쓰기이고, 또 하나는 고객에게 작은 선물을 사서 베푸는 것인데 의외로 반응이 좋아요. 그래서 지금도 계속하고 있고 앞으로도 쭉 하려고요."

"그래요. 좋은 방법을 듣고도 실천하지 않아서 그 가치를 모르는 사람이 태반인데 성주 씨는 그래도 바로 실천했다고 하니 정말 대단하시네요."

"어떻게 생각하면 상현 씨가 그동안 저에게 좋은 말이나 충고를 많이 해주어서 저도 생각이나 태도가 예전과는 많이 바뀐 것 같아요."

"그래요. 그렇게 생각해주니 보람이 있는데요. 하하하! 성주 씨, 이런 말이 있는데요. 변화를 뜻하는 단어 change에서 g를 빼고 c를 넣으면 우리말로 기회라는 뜻의 chance가 되죠. 이는 변화하면 그만큼 기회가 많이 생긴다는 말이에요. 성주 씨가 변화하고 있는 이상 앞으로 틀림없이 많은 기회가 성주 씨에게 생길 거예요. 성공은 기회와 준비가 만났을 때 이루어진다고 해요. 성주 씨는 지금 변화하고 있고, 이를 통해 점점 기회가 생기고 있으며, 그로써 발생할 여러 가지 행운을 받아들일 준비가 되어 있으니 이제 앞으로 쭉 나아가시기만 하면 됩니다. 이제 옆은 쳐다보지 마시고 성주 씨만의 스타일을 찾아 앞으로 가세요."

"어머! 절 볼 때마다 자꾸 비행기를 태워서 기분은 좋은데 잘할 수 있을까 걱정돼요. 열심히 하는 것은 기본이고 잘해야 한다는 말이 있는데,

상현 씨 말대로만 돼서 행운의 열매가 주렁주렁 열렸으면 좋겠어요.”

“성주 씨! ‘열렸으면 좋겠어요’가 아니라 열린다고 확신을 가지세요. 사람은 자기가 머릿속에 그리는 대로 실현할 가능성이 높아요. 항상 당당한 모습으로 직장이나 가정이나 여러 다른 분야에서 이미 성공자의 반열에 오른 사람처럼 말하고 생각하고 행동하세요. 아주 유명한 말이 있어요. ‘생각이 행동을 바꾸고, 행동이 습관을 바꾸고, 습관이 운명을 바꾼다.’ 성주 씨가 확신에 찬 생각을 하며 생활하게 되면 자연스럽게 성주 씨의 행동, 습관 그리고 운명이 좋은 쪽으로 바뀔 거예요.”

“네. 알겠어요. 상현 씨! 지금까지 상현 씨에게 많은 얘기를 들었는데 상현 씨 개인 얘기는 한 번도 들은 적이 없는 것 같아요. 만나면 만날수록 궁금한 게 점점 많아지는데…….”

“그래요! 그렇게 관심을 가져주니 고마워서 어찌할 줄 모르겠는데요. 하하하!”

“상현 씨는 언제부터 트레이너 일을 했어요? 혹시 체육학과라도 나오셨나요?”

“제가 이 일을 하게 된 얘기를 하려면 조금 더 과거로 들어가야 하는데 어디서부터 시작할까요? 그래요, 고등학교 졸업하고 대학에 진학하려 할 때부터 얘기하죠.

저는 부모님이 일찍 돌아가셔서 고등학교 때까지는 결혼한 누나 집에서 살았어요. 제게 누님은 엄마와 같은 존재죠. 제가 다섯 살 때 아버

171

지는 위암으로 고생하시다가 돌아가셨다고 들었어요. 어머니는 제가 중 3 때 돌아가셨는데 누나 결혼식 마치고 얼마 있지 않아 세상을 떠났어요. 어머니도 전부터 당뇨병을 앓고 계셨는데 당뇨 합병증이 오는 바람에 그렇게 세상을 떠났어요. 그때가 제 인생에서 가장 암울한 시기였죠.

그 후 누나 집으로 옮겨 고등학교 시절을 그곳에서 지냈죠. 고등학교 때 공부를 그렇게 잘하진 못했어요. 여러 가지 영향이 있었겠지만 우선 공부를 왜 해야 하는지 필요성을 잘 몰랐죠. 그래서 막상 대학에 진학하려고 하니 갈 데가 없더라고요. 그래서 대학 진학을 포기하고 고등학교 졸업하면 우선 군대부터 갔다 오기로 했죠. 졸업 후 바로 공군에 지원해서 갔습니다. 그곳에서 만 36개월 근무했어요. 지금 군복무 기간과 비교하면 그때는 엄청 길었죠. 군대에서 운전병 생활을 3년 하고 스물 세 살 때 제대했어요.

배운 것이 운전이라 군대에서 취득한 트레일러 운전면허증으로 대형 트레일러를 운전했어요. 수출용 컨테이너 싣고 다니는 차를 트레일러라고 해요. 그때만 해도 수입이 꽤 괜찮았어요. 주로 부산과 서울을 장거리로 왔다 갔다 했는데 보람도 있었죠. 돈도 좀 모이고요. 3년 정도 그 일을 했을 때 제게도 사랑이 찾아왔어요. 모든 것이 순탄했어요. 몸으로 일하지만 그래도 안정적인 일에 사랑하는 사람까지 옆에 있었으니까요. 그래서 제 나이 스물여섯 살에 결혼했어요. 저는 결혼하고 이듬해 예쁜 공주를 얻었죠."

상현은 휴대전화 바탕 화면에 있는 딸 사진을 보여주었다.

"모든 게 순조롭고 행복했는데 그때 불행이 찾아왔습니다. 아내가 애를 낳고 그해 추석에 강원도 영월에 있는 산소에 성묘 가는 길에 건너편에서 오는 차를 피하려다 빗길에 미끄러져 차가 전복되는 큰 사고를 당했어요. 그때 아내를 잃었습니다. 그리고 저도 아주 많이 다쳤고요. 그런데 천만다행인 것은 아내가 아이를 꽉 껴안고 있는 바람에 아이는 다친 곳이 없었어요. 다들 그렇게 험한 교통사고에서 애가 멀쩡한 걸 보고 기적(Miracle)이라고 했으니까요.

지금 생각해도 제 인생에 첫 번째 기적은 제 딸이 그때 다친 곳 없이 멀쩡했던 것이라고 생각해요. 제가 나중에 우리 아이가 살아난 일로 깨우친 것은 사람은 정말 간절히 원하면 반드시 그것을 얻을 수 있다는 확신이었어요. 제 아내가 아이를 살리기를 간절히 원했고, 그 때문에 비록 아내는 세상을 떠났지만 목숨이 온전할 뿐만 아니라 하나도 다치지 않았던 거죠."

"어머! 그런 아픈 상처가 있었군요. 그런데 부인이 돌아가셔서 어떻게 해요."

성주는 안타까운 나머지 입술을 떨면서 얘기했다.

"아내가 세상을 떠났다는 것을 안 것은 제가 사고를 당하고 3개월이 지난 후였어요. 저도 심하게 다쳐 정신을 잃고 거의 식물인간으로 3개월 동안 깨어나지 못했으니까요. 정신을 차린 후 아내가 죽었다는 사실

을 알고 다친 제 모습을 보면서 정말 하늘이 무너지는 듯한 느낌이 들었어요. 딸이 무사한 것이 그나마 위로가 되었죠. 저는 신경계통과 척추 등이 크게 손상을 입어 다리를 쓰지 못하고 양팔도 간신히 조금 움직일 수 있는 정도였어요. 지금 제 모습과 비교하면 정말 상상도 할 수 없을 정도로 엉망이었죠.

병원에 1년 정도 있다 퇴원해 다시 누나 집에 들어갔죠. 제 딸도 그동안 누나가 키워줬고요. 저는 할 수 있는 게 아무것도 없었어요. 팔다리를 못 쓰고 기본적인 대소변도 저 혼자 힘으로는 처리할 수 없었으니까요. 저는 퇴원 후에도 시간이 흐를수록 야위어만 갔고, 스물여덟 살 되었을 때는 키 179cm에 몸무게가 47kg밖에 나가지 않았어요. 지금 제 몸무게가 71kg이니 얼마나 말랐는지 상상이 가시나요?"

"정말 상상이 가지 않네요. 어떻게 남자가 47kg밖에 나가지 않아요. 완전히 뼈만 있었겠네요."

"네. 맞아요. 그런데 제가 재활할 수 있었던 것은 가족의 힘이 커요. 특히 누나의 도움과 딸 덕분에 제가 다시 일어날 수 있었어요. 누나는 저를 어떻게든 치료해보려고 유명한 의사가 있다고 하면 전국 방방곡곡 수소문해서 찾아다녔죠. 하지만 가는 곳마다 지금보다 악화되지 않게 하는 것만 해도 다행이라고 하면서 제게 희망적인 말을 해주는 의사는 한 명도 없었어요. 저는 그때 제 인생은 이렇게 끝나는구나 생각했죠. 가족에게 폐를 끼치지 않으려면 죽어야겠다고 생각한 적이 한두 번

이 아니에요. 하지만 죽고 싶어도 죽을 수 없었어요. 팔다리를 못 쓰니 정말 혀 깨물고 죽는 방법 외에는 죽지도 못하고 그렇게 하루하루 지냈습니다.

그러다 제게 생명의 은인 같은 분을 만났죠. 그분은 의사가 아니었어요. 저보다 나이가 열 살 정도 많은 물리치료사 겸 운동 트레이너였죠. 누나 소개로 그분을 만났는데 그분께서는 제 상태를 보고 두 가지 가운데 하나를 선택하라고 하셨어요. 하나는 1년 안에 이렇게 지내다가 말라서 죽든지 아니면 자신을 믿고 3년만 시키는 대로 하라고 했어요. 그리고 3년 뒤에는 정상인과 똑같이 만들어주겠다고 했지요.

저는 처음에는 그 사람이 사기꾼이라고 생각했어요. 지금까지 만나본 모든 의사가 다 포기했는데 이 사람은 기껏해야 물리치료사에 운동 트레이너이면서 그렇게 자신 있게 말했으니까요. 저는 말도 안 된다고, 사기꾼이라고 거부했지만 다른 대안이 없어서 결국 지푸라기라도 잡는 심정으로 그렇게 해보기로 했어요. 우여곡절 끝에 그분과의 만남은 제 인생에 두 번째 기적을 가져다주었죠.

그분이 제 누나에게 주문한 것은 우선 제가 운동할 수 있도록 방 하나에 필요한 운동기구를 갖추라고 했어요. 그리고 제게 훈련 일정을 짜주었죠. 하루에 세 시간 운동하는 일정이었는데, 특이한 것은 일정에 신체치료 2시간, 정신치료 1시간이라고 적혀 있었어요. 저는 그 일정표를 보았을 때 기분이 안 좋았어요. 이 사람은 내가 반은 미쳤다고 생각하는지 정신치료를 하겠다고 매일 1시간을 넣어두었으니까요.

하여튼 그렇게 해서 치료는 시작되었어요. 처음에 신체치료는 손가락운동과 발가락운동부터 시작했어요. 그분은 물리치료를 해주었고 저는 매일 조금씩 더 움직이기 위해 피나는 노력을 했어요. 정신치료는 별 다른 것이 아니라 책을 읽고 그 책에 대해 서로 이야기를 나누자고 했어요. 저는 그때까지 책을 읽은 적이 거의 없었어요. 그렇기 때문에 책을 읽는 것이 때론 정말 운동하기보다 싫었어요. 그때 주로 어려움을 이겨낸 훌륭한 위인들의 삶을 다룬 책이나 삶에 활력을 주는 책을 읽었어요. 1주일에 한 권을 읽어야 하는데 매일매일 읽은 것을 그분에게 느낀 점을 말하고 때론 토론도 하고 그랬죠.

처음에는 의견을 말하기보다 주로 듣는 것 위주로 했는데, 점점 책을 읽는다는 것이 인생에 새로운 기쁨으로 다가오더라고요. 그렇게 그 선생님과 훈련을 시작한 지 6개월이 지나자 제 생활의 모든 것에서 조금씩 변화가 나타나기 시작했어요. 우선 매일 운동한 덕분인지 식사량이 많이 늘어서 몸무게가 6개월 뒤에는 55kg으로 9kg이 늘어났어요. 이제 사람처럼 보이는 단계가 된 거죠. 그리고 그분의 정성스런 치료와 제 노력이 어우러져 손가락, 발가락을 자유롭게 움직일 수 있게 되었어요. 그 정도 되자 선생님은 제 스스로 훈련 계획을 짜보라고 주문했어요.

첫 번째 주문은 이 훈련을 마친 3년 뒤에 어떤 모습을 기대하는지 그려보라고 했지요. 단순히 생각하는 것이 아니고 구체적으로 어떤 모습

176

에 어떤 상태를 원하는지 자세하게 그리라고 했어요. 선생님은 제가 그린 3년 뒤의 모습을 설명하자 그것을 커다란 종이에 그려 운동하는 방에다 붙여주었어요. 그때 제가 그린 3년 뒤의 모습은 첫 번째가 건강한 신체였어요. 선생님은 제 얼굴사진을 찍어서 컴퓨터그래픽을 이용하여 몸이 아주 멋진 남자의 몸에 붙여주었죠. 그 모습을 벽 한가운데에 딱 붙여주었어요. 책을 읽고 그분을 통해 깨우침을 얻다 보니 공부해야겠다는 생각이 들었죠. 그래서 3년 뒤에 대학교에 입학하는 꿈을 그려놓았어요. 제가 목표로 하는 대학교의 심벌과 그 대학교의 정문 사진을 붙여두고 3년 뒤 31세에 대학교 입학이라고 적어두었죠.

그리고 제가 사랑하는 딸과 절 돌봐주신 누님이 언제나 건강하고 행복하기를 기원하는 의미에서 가족사진을 붙여두고 이렇게 적어두었어요. '사랑하는 가족과 언제나 웃음과 행복 속에 살고 싶습니다.' 특히 딸 미애의 가장 예쁜 사진을 3년 뒤의 제 몸매 사진 옆에 같이 붙여두었죠. 그분이 저를 도와 그것을 만들어서 운동하는 방에 붙이는 순간 전 마치 그곳에 그린 모든 것이 다 이루어진 것 같은 느낌을 받았죠. 전 그것을 '이상현의 기적'이라 불렀어요. 그것을 만들어 붙인 그 순간이 제 인생에 세 번째 기적이 일어남을 알리는 순간이었어요."

상현은 항상 가지고 다니는 수첩에서 소중하게 보관하던 쪽지 하나를 빼냈다. 그리고 '미라클 라이프'라고 적힌 그림을 성주에게 보여주

었다.

"바로 이 그림이 저를 정상인으로 되돌려준 미라클 라이프예요. 그 후 저는 치료를 위해 운동할 때, 대학을 가기 위해 공부할 때 정말 힘들어서 포기하고 싶은 적이 한두 번이 아니었지만 그때마다 벽에 붙어 있는 이것을 보면서 힘을 얻고 포기하지 않고 계속할 수 있었어요.

그런데 제 선생님께서 한 가지 더 좋은 것을 알려주셨죠. 일단 큰 목표는 제가 설정했으니 이제 이를 위하여 매일 해야 하는 구체적인 실천 계획을 작성해보라고 하셨어요. 선생님과 상의하여 제가 세운 미라클 라이프를 실현하기 위해 매일 해야 할 10가지 실천 계획을 수립했어요. 이게 바로 그거예요."

상현은 수첩에서 접혀 있는 쪽지를 또 하나 꺼내 보여주었다.

성주는 상현이 보여준 쪽지에 적힌 10가지 계획을 천천히 읽었다.

"이렇게 이것을 가지고 매일매일 점검하고 한 달을 반성한 뒤 다음 달에 새로운 목표를 세웠습니다. 치료를 시작하고 딱 2년 뒤 전 드디어 휠체어에서 벗어나 제 손으로 목발을 짚고 설 수 있었어요. 그리고 또 1년 뒤 저는 목발 없이 걸을 수 있었지요. 그것도 정상인과 전혀 차이가 없이요. 제 치료 과정을 지켜본 선생님이나 다른 누구보다도 딸이나 누나, 매형, 조카들은 제가 변하는 모습을 보고 무지 감격하고 좋아했어요. 제가 처음 팔을 자유롭게 쓸 수 있게 되자 누님은 절 붙잡고 펑펑 우시면서 신에게 감사 또 감사를 드렸어요. 그리고 제가 목발을 짚고

일어섰을 때, 처음 걸었을 때, 목발을 뗐을 때 제 가족은 탄성과 환호로 함께 기뻐했죠. 누나는 제가 완전하게 걷고 원하는 대학에 입학하게 되었을 때 부모님 산소에 가서 이제 아버지, 어머니께 조금은 떳떳할 수 있다며 한없이 우셨어요. 그리고 누구보다도 제가 옆에 있어줘서 정말 행복하다고 했어요."

"상현 씨, 정말 믿기 어려운 일인데 결국에는 해냈군요. 와! 정말 대단해요. 상현 씨를 보면 옛날에 그렇게 아팠을 거라고는 상상이 가지 않아요."

"그렇죠. 그때와 비교하면 완전히 탈바꿈했어요. 성주 씨, 제가 가끔 성주 씨에게 변화의 필요성을 강조하죠. 아무것도 하지 않는 것보다 비록 실패할지라도 무엇이든지 새로 시도하고 또 시도하라고요. 마찬가지로 새로운 시도를 하지 않았다면 저는 아마 선생님 말씀대로 지금 이 세상에 없었을 거예요. 그리고 치료 과정이 결코 순탄치는 않았어요. 효과에 대한 회의가 한두 번 든 것이 아니고, 신체적으로 그리고 정신적으로 치료가 너무 힘들어서 누나나 딸 몰래 울기도 많이 울었어요. 완전한 탈바꿈을 하기에 그만큼 힘들었다는 거예요. 하지만 힘든 것은 정말 잠시예요. 그 시기를 잘 넘어가니 제가 전에 말했듯이 몸에 점점 습관이 되어 힘든 것 자체를 잊어버릴 수 있었어요. 습관은 정말 무서운 거예요. 성주 씨, 변화를 상징하는 '혁신' 이라는 단어에서 '혁' 이 무슨 한자를 쓰는지 아세요?"

“글쎄요. ‘붉을 주’ 자를 두 개 겹친 밝을 혁(赫)자를 쓰지 않나요?”

“그렇게 아는 분이 많은데 가죽 혁(革)자를 써요. 그 말은 새롭게 완전히 변화한다는 것은 그만큼 자기 몸의 생 가죽을 벗기는 것처럼 힘든 인내와 끈기가 필요하다는 뜻이에요. 그것을 참고 이겨낸 사람에게는 그만한 열매가 맺히는 것이고, 그것을 하지 못한 사람에게는 돌아갈 열매가 없다는 거죠. 저는 결국에는 그것을 해냈고 그래서 지금의 제가 있는 것입니다.”

“그래요. 가죽을 벗기는 인내라……. 상현 씨! 그럼 대학에서는 무엇을 공부했어요?”

“심리학을 전공했어요. 심리학을 전공한 이유는 제 인생과 무관하지 않아요. 한때는 깊은 수렁에 빠져 도저히 나올 수 없을 것 같았던 제가 변화하는 것을 보고 사람들의 마음과 심리에 관심을 가지게 되었고, 그런 마음의 메커니즘을 더 공부하고 싶었죠. 대학을 졸업하고 공부를 계속해서 작년에 대학원을 졸업했어요. 그런데 제가 이 일을 하는 것이 제 전공과 어울리지 않죠?”

“네. 대학원까지 나오셨으면 전공을 살리는 쪽으로 나가야 하는 것 아닌가요?”

“사실, 운동은 제 생활의 완전한 일부예요. 제가 치료받는 동안 운동을 통해 일어설 수 있었고, 대학에서 학교 서클 활동도 제가 하는 트레이닝에 관련된 것에서 했죠. 그리고 무엇보다 저도 돈을 벌어야 학비라

180

도 댈 수 있기에 제 인생에서 두 번째로 하게 된 일이 트레이너입니다.

대학교 그리고 대학원 다니는 내내 헬스클럽에서 아르바이트하면서 학비를 충당했어요. 그러다 보니 막상 대학원을 졸업하고 진로를 선택할 때 상당히 고민했지요. 제가 나이가 있다 보니 직장에 들어가기는 조금 늦은 감이 있었어요. 그래서 제가 저에게 냉정하게 물어보았어요. '내가 원하는 일이 무엇이냐고? 그리고 내가 가슴 떨리게 할 수 있는 일이 무엇이냐고?' 그런데 답이 바로 이 일을 하는 거였어요.

그렇다고 배운 것을 썩힌다는 것은 아니고요. 제가 계획하는 것은 운동 트레이너뿐만 아니라 정신적인 트레이너가 되는 것이에요. 몸을 건강하게 하고 근력을 키우고 살을 빼는 방법은 이 세상에 알려진 방법만 해도 헤아릴 수 없을 만큼 많아요. 하지만 현대인에게 정말 필요한 것은 육체 트레이너보다는 올바른 정신을 가질 수 있도록 만들어주는 일이에요. 제가 전공한 분야가 성공 심리학과 고객관계 심리학 두 가지인데, 이런 공부 덕분에 제가 가끔 성주 씨 일에 조금이나마 도움이 되는 말을 할 수 있었습니다."

"아! 그랬군요. 상현 씨 운동하는 곳에서 보면 유난히 고객과 상담을 많이 하시는 것 같은데……. 그럼 그게 다 고객의 마음을 트레이닝하기 위해서였나요?"

"네. 다는 아니지만 연관이 많습니다. 하지만 그러한 마음의 트레이닝도 성주 씨처럼 받아들일 자세가 되어 있어야 하는 거죠. 사람들은

대개 중요한 정보를 알려주려 하면 이미 알고 있다거나 들은 적이 있다고 잘라 말하곤 해요. 이 경우 가끔 그들에게 이렇게 묻고 싶은 충동을 느껴요. '이미 알고 있다면 그중에 실천한 것이 하나라도 있나요?' 무관심과 무시로 일관하는 사람들을 보면 백이면 백 모두 본인이 알고 있다는 것을 하나도 실천하지 않아요.

성주 씨! 배웠으나 실천하지 않는다면 배우지 않은 것만 못하다는 말이 있어요. 어떻게 하면 현재 모습보다 더 발전할 수 있나 하는 방법은 제가 조언해주는 것처럼 내용이 어려운 게 아니고 이미 다 알려진 것이에요. 그런데 궁극적으로 중요한 것은 바로 실천입니다. 아무것도 실천하지 않는데 결과가 좋게 나올 수는 없는 법이죠. 여러 번 강조하지만 세상의 모든 이치가 인과법칙에 따라 움직이도록 되어 있습니다. 지금보다 더 좋은 모습을 원한다면 늘 실천을 통한 변화를 추구해야 한다는 사실을 명심하세요."

"네. 알았어요. 오늘도 좋은 말 많이 듣네요. 정말 상현 씨랑 있으면 행복해요."

성주는 상현과 함께 있는 것이 행복하다고 표현한 뒤 얼굴을 붉혔다.

"저 때문에 행복하시다면 제가 더 고맙죠. 제가 제 어려운 시기를 말해주면서 기적이라 표현했던 것이 몇 가지 있죠. 첫 번째 기적은 제 딸이 무사했던 것, 두 번째 기적은 선생님과의 만남 그리고 세 번째 기적은 미라클 라이프를 스스로 만들고 실천한 거예요. 제가 대학에서 공부

하면서 이 세 가지를 좀 연구하다 보니 결론은 기적적인 삶의 해답이 이 세 가지에 다 있다는 것을 발견했어요."

상현은 쪽지를 꺼내어 무언가 적어서 성주에게 내밀었다.

기적의 첫 번째 단계, 간절히 원하라.

기적의 두 번째 단계, 만나라.

기적의 마지막 단계, PDCA를 돌려라(미라클 라이프 사이클을 돌려라).

"이 세 가지가 무엇을 하든, 무엇을 원하든 성취할 수 있는 가장 완벽한 해답입니다. 우선 첫 번째는 간절히 원해야 합니다. 간절히 원하면 열정이 생기고 그런 간절함이 있기에 열정이 식지 않고 계속 사람을 뜨겁게 만들죠. 이 상태를 늘 유지해야 해요.

그 다음으로 필요한 사람을 만나야 합니다. 생각해보면 원하는 것이 무엇이든 누구의 아무런 도움도 없이 이룰 수 있는 것은 하나도 없어요. 여기서 '만나라' 라고 하는 것은 얻고 싶은 것이 있다면 그것을 얻게끔 도움을 줄 수 있는 사람을 꾸준히 만나라는 거예요. 거기에는 사람을 직접 만나는 방법도 있고, 책을 통해 간접적으로 만나는 방법도 있어요. 혼자 모든 것을 해결하려고 하지 말아요. 주변에 도움을 줄 수 있는 사람은 의외로 많습니다.

도움을 청하세요. 그리고 때론 자신도 능력이 되면 아낌없이 도움을

주세요. 진정한 성공은 다른 사람을 성공하게끔 돕는 것을 통해서 이룰 수 있다는 말은 이미 널리 알려진 정설이고 사실입니다. 그리고 간접적인 만남인 책의 경우 '책 속에 길이 있다' 라는 말을 가슴속에서 동감할 수 있는 사람이라면 이 얘기를 더 설명할 필요가 없을 거예요. 만약 그것을 느끼지 못한다면 느낄 때까지 책을 가까이 하셔야 해요. 마지막 'PDCA를 돌려라' 는 조금 생소할 수 있는데 PDCA는 이것을 뜻해요."

상현은 쪽지에 PDCA에 대한 풀이를 적어서 성주에게 건넸다.

P = Plan(계획)

D = Do(실행)

C = Check(점검)

A = Action(개선)

"이건 데밍사이클이라고도 하는데 데밍이라는 유명한 학자가 만든 것으로 일명 관리 사이클이라고 해요. 이것을 제가 실행한 미라클 라이프와 연관해서 적어보면 이렇게 돼요."

상현은 쪽지에 추가하여 적었다.

P = Plan(계획)   = 미라클 라이프 만들기

D = Do(실행)   = 실천 계획 10가지 만들고 실천하기

C = Check(점검)　　= 매일 실천 여부 체크하기

A = Action(개선)　　= 매일 반성하며 새로운 각오로 개선하기

"간절히 원하고, 도움을 청하고, 성취하기 위해 미라클 라이프로 인생의 계획을 시각화하고, 구체적인 실천계획을 세우고 실행하며, 그것을 매일 체크한 뒤 그 결과를 가지고 반성하면서 새롭게 또 새롭게 매일 변해가는 이 사이클을 돌리다 보면 도저히 이룰 수 없다고 생각한 것도 이루게 되어 있어요. 모든 것이 의지에 달려 있지요. 의지가 있고 성실하게 그것을 위해 갈 준비와 마음가짐만 확실하다면 반드시 이룰 수 있습니다. 제가 알고 있는 실화가 있어요.

한 마을에 대대로 가난한 집이 있었어요. 그 집에는 남자 쌍둥이가 있었는데 워낙 가난한 집안인지라 그 집 아버지는 너무 낙담한 나머지 벽에 이렇게 적어두었대요.

'Dream is nowhere(꿈은 아무데도 없다).'

이것을 보고 자란 쌍둥이 가운데 한 아이는 아버지와 똑같이 가난한 삶을 이어 나갔고, 다른 아이는 훌륭한 사업가가 되어 크게 성공했다고 합니다. 쌍둥이의 인생이 이렇게 극과 극으로 다를 수 있을까 의문이

들어 어느 학자가 연구를 시작했다고 합니다. 그러다 한 가지 차이점을 발견했는데 바로 벽에 적어둔 글과 연관이 있었어요. 그게 바로 쌍둥이 인생에 큰 차이점을 만든 결정적인 것이라고 학자는 의심치 않았어요. 그것은 바로 이것입니다.

가난을 이어간 아이는 벽에 써 있는 글자를 그대로 읽으면서 성장해 꿈은 없다는 것이 잠재의식에 깊이 박힌 거예요. 하지만 다른 아이는 그 글을 항상 이렇게 읽었대요.

'Dream is now here(꿈은 바로 여기에 있다).'

바로 이 차이점이 쌍둥이의 운명을 갈라놓은 것입니다. 일전에 생각대로 이루어진다고 했죠. 바로 그것을 정확하게 말해주는 것이에요."

"잘 알겠어요. 저도 꿈은 항상 여기에 있다고 생각하며 살게요."

"그래야죠. 참 성주 씨, 제가 오늘 성주 씨를 보자고 한 이유가 또 하나 있어요. 이런 얘기를 해주고 싶었던 것도 있고, 또 한 가지는 성주 씨에 대한 제 마음을 전해줄 필요가 있어서요. 지금까지 제가 어떻게 살았는지 들어서 알겠지만 저는 이미 결혼을 한 번 했고 열두 살짜리 딸이 있어요. 제가 성주 씨 사정도 들어서 알고 있지만 어떻게 보면 성주 씨나 저나 과거에는 평탄하지 않은 인생을 살아온 점은 맞는 것 같아요. 저는 지금도 저보다 일찍 간 아내를 잊지 못해요.

186

제가 모든 것을 이기고 일어났을 때 맹세한 것이 있어요. 앞으로의 삶은 내가 받은 것처럼 죽을 때까지 많은 사람을 도와주면서 살겠다는 것과 예쁜 제 딸만 보고 살겠다는 것이에요. 저는 사랑하는 사람을 그 동안 많이 잃어서 그런 아픔을 더는 겪고 싶지 않아요. 그건 하늘에 간 제 아내가 마지막이었다고 생각해요. 성주 씨가 절 어떻게 생각하는지 잘은 모르지만 제 느낌상 좋은 감정을 가지고 있다는 것은 알아요. 그리고 저도 물론 성주 씨와 비슷한 마음을 가지고 있고요. 하지만 그 이상 그런 마음이 발전해나가는 것은 멈출 필요가 있다고 생각해요. 그 이유는 간단해요. 저는 아직도 제 아내를 잊지 못하고 가장 사랑하니까요. 그리고 두 번째 이유는 제 딸 때문이고요.

얼마 전에 이 과장을 만났는데 이 과장이 성주 씨 때문에 고민을 하더군요. 성주 씨가 자기 말고 누군가를 마음에 같이 두고 있는 것 같은데 그것 때문에 고민이 된다면서 제게 어떻게 하는 것이 좋겠냐고 의논하더라고요. 그래서 제가 이 과장에게 해준 말은 간절히 원하고 있고, 또 나에게 조언을 구했으니 성주 씨에 대한 미라클 라이프를 만들어 실행하라고 했어요. 그 친구도 일전에 미라클 라이프에 대해 설명을 듣더니 바로 그거라고 하면서 갔어요. 알지도 못하는 누군가 때문에 고민하기보다는 성주 씨에게 한 걸음 더 가까이 갈 수 있게 노력하겠다고요.

성주 씨, 이 과장 정말 좋은 사람이에요. 혹시 양손에 두 개를 가지고 고민한다면 하나는 조용히 내려주고 성주 씨를 간절히 원하는 쪽에 무

게를 좀더 주세요. 그게 성주 씨에게 현명한 선택이 될 거라고 확신합니다."

"무슨 말인지 잘 알겠어요. 돌아가신 상현 씨 부인이 부럽네요."

성주와 상현은 식사를 마치고 카페에 가서 통기타 가수들이 부르는 노래를 들었다. 조덕배의 '꿈에' 라는 노래가 흘렀다.

"꿈에 어제 꿈에 보았던 이름 모를 너를 나는 못 잊어……."

성주의 눈에서 눈물이 흘러내렸다. 이 눈물은 슬퍼서 흘리는 것도 아니고 기뻐서 흘리는 것도 아니었다. 바로 마음이 아파서 흘리는 눈물이었다. 흐르는 눈물만큼 성주는 마음이 점점 정리되는 것을 느꼈다.

기회를 통한 변화, 미라클 라이프

'미라클 라이프'

기적의 첫 번째 단계, 간절히 원하라.

기적의 두 번째 단계, 만나라.

기적의 세 번째 단계, PDCA를 돌려라

(미라클 라이프 사이클을 돌려라).

미라클 라이프 사이클

P = Plan(계획)　　= 미라클 라이프 만들기

D = Do(실행)　　= 실천 계획 10가지 만들고 실천하기

C = Check(점검) = 매일 실천 여부 체크하기

A = Action(개선) = 매일 반성하며 새로운 각오로 개선하기

'Dream is nowhere(꿈은 아무데도 없다).'

'Dream is now here(꿈은 바로 여기에 있다).'

미라클 라이프

성주는 어제 상현이와 만나서 들은 이야기를 기억을 되살려 노트에 기록했다. 그리고 노트에 '미라클 라이프 만들기' 라고 적었다.

성주는 우선 자신이 닮고 싶은 사람이 누가 있을까 생각해보았다. 어렸을 때 꿈을 떠올렸다. 완도에서 자란 성주는 어렸을 때부터 유난히 집에서 뜨개질을 하면서 시간을 많이 보냈다. 엄마뿐만 아니라 오빠들 옷까지 뜨개질로 만들어준 기억이 났다. 지금도 바느질이라면 특별히 배우지 않았어도 곧잘 하는 편이다.

성주는 곰곰이 생각한 끝에 닮고 싶은 분으로 지금은 세상을 떠난 유명한 디자이너 코코 샤넬을 떠올렸다. 무엇보다도 늘 새로운 것을 시도

하여 패션계를 주도한 샤넬의 당당한 모습이 마음에 들었다. 샤넬의 명언 중 아직도 성주의 기억 속에 남아 있는 문구가 있다.

"사람들은 옷 입은 내 모습을 보고 비웃었지만 그것이 바로 내 성공의 비결이었다. 나는 그 누구와도 같지 않았다."

코코 샤넬은 시대를 앞서 나가는 그녀만의 차별성 덕분에 지금 세계 여성이 열광하는 명품 중의 명품 토털 뷰티 브랜드(Total Beauty Brand)로 자리매김한 것이라 생각한다.

인터넷에서 샤넬을 검색해보니 그녀의 사진이 많이 나왔다. 그중 가장 마음에 드는 사진을 스크랩하여 자신의 미라클 라이프를 만들기 위해 백지 문서 한가운데 붙여놓았다. 존경하고, 닮고 싶은 사람 사진만 붙여두니 조금 썰렁한 느낌이 들어 그녀의 명언을 한쪽에 정리해 마무리했다. 미라클 라이프의 첫 단추가 끼워진 것이다. 영숙도 성주가 컴퓨터로 만들고 있는 것이 신기하기라도 한 듯 옆에서 지켜보았다.

"매니저님, 이게 뭐예요? '김성주의 미라클 라이프.' 뭔지 몰라도 미라클 라이프라는 말은 마음에 딱 드는데요."

"응! 이거 내 꿈을 그려보는 거야. 일전에 가게에 오신 상현 씨 알지? 어제 그분에게 배웠는데 만들어놓고 보면 좋을 것 같아서."

"그래요. 위에 붙여둔 코코 샤넬이 가장 닮고 싶은 분인가 봐요?"

"응! 그래. 일단 만드는 것을 너도 옆에서 봐. 나 하는 것 보고 너도 만들어."

성주는 자신의 사진 중 가장 예쁘게 나온 것을 코코 샤넬 밑에 붙여 보았다.

성주는 앞으로 3~4년 사이에 자신이 원하는 것이 무엇인지 곰곰이 생각했다. 5년 뒤, 10년 뒤 너무 먼 미래의 꿈을 그리기에는 현실감이 떨어지는 것 같은 생각이 들어 우선 가까운 기간에 이루어졌으면 하는 것으로 한정하여 생각하기로 했다.

큰 조카 진호의 올해 대학 진학이 무엇보다 먼저 생각났다. 성주는 진호가 목표로 하고 있는 성균관대를 인터넷에서 조회하여 학교 마크를 복사해 미라클 라이프에 붙였다. 진호만 붙이니 재훈이가 생각났다. 재훈이도 앞으로 2년 뒤에 목표로 하고 있는 연세대 마크를 복사하여 미라클 라이프에 붙였다.

그리고 ‘진호와 재훈이의 대학교 입학(김진호_2009년_성균관대학교 &
김재훈_2011년_연세대학교)’ 이라고 사진 밑에 기록했다.

가장 간절한 소원인 두 조카의 원하는 대학 진학 꿈을 그려놓으니 구
름 위를 날 듯 기분이 좋아졌다. 그 다음 원하는 것이 무얼까 생각해보
니 우선 집이 마음에 걸렸다. 지금 사는 아파트가 오래되어 낡았고 시
내 한복판에 있어서 공기가 나쁘니 생활 면에서 엄마를 생각해도 친환
경적인 곳으로 이사했으면 하는 생각이 들었다. 성주는 광교지구 신도
시 개발구역이 친자연적으로 지어질 거라는 뉴스를 본 것이 생각 나 인
터넷에서 조회해보았다.

광교지구 건설 조감도를 보자마자 이것이라는 생각이 들었다. 저수
지를 앞에 두고 산이 둘러싸고 있는 곳에 주상복합 아파트가 들어서 안

성맞춤이라는 생각이 들었다. 내년부터 개발에 들어가 2011년경에 본격적인 입주가 시작되는 일정이 나와 있었다. 성주는 광교지구 저수지 주변 개발 조감도를 복사하여 붙이고 자신이 살았으면 하는 아파트 위치를 표시했다. 주상복합 관련 여러 아파트 모양을 검색하여 그 가운데 마음에 드는 아파트를 골라 붙였다. 그리고 실내장식 사진도 붙여 현실감을 주었다. 이것까지 하니 성주는 벌써 부자가 된 기분이 들었다.

이제 중간 밑에 여백과 오른쪽 밑에 여백이 남아 있었다. 성주는 조금 욕심을 내서 가지고 싶은 것이 무엇이 있을까 생각해보았다.

가지고 싶은 것 1호로 자동차가 생각났다. 얼마 전 백화점 매니저들끼리 점심식사가 있어 밖에 나갔을 때 자기보다 한참 어린 매니저들이

대부분 그랜저를 몰고 왔다. 성주는 차가 없어 얻어 타고 갔지만 매니저들 중에 언니 축에 들다 보니 내심 자존심이 상했다. 성주는 사고 싶은 자동차인 체어맨 사진을 복사하여 가운데에 붙였다.

그리고 아직까지 결혼을 안 해서 껴보지 못한 다이아반지도 꼭 하나 사고 싶다는 생각에 다이아반지 사진을 오른쪽에 붙였다. 체어맨은 2009년 11월, 다이아반지는 2010년 8월이라고 적었다.

이제 마지막 가운데 밑부분만 여백으로 남았다. 지금 당장 하고 싶은 것을 생각해보니 조금은 지친 심신을 쉴 수 있는 여행을 가고 싶다는 생각이 들었다. 성주는 마지막으로 '해외여행(최소 해마다 한 번)'이라고 기록하고 유람선 사진을 붙여 미라클 라이프를 완성했다.

영숙이 완성된 성주의 미라클 라이프를 보면서 감탄했다.

'어머! 매니저님, 정말 멋져요. 매니저님 말대로 이렇게 만들다 보니 마치 원하는 것이 다 이루어질 것 같은 느낌이 드네요."

"그래. 막내야! 사람은 생각하는 대로 이루어지는 경향이 있다고 해. 너도 언니처럼 꿈을 그려보고 그것을 늘 잘 보이는 곳에 붙이거나 가지고 다니며 하루에 한 번씩 보면서 미래를 꿈꾸고 그 미래를 위해 열심히 노력해보자. 알았지?"

"네. 그런데 매니저님, 저는 매니저님같이 컴퓨터를 잘 못해서 그러는데 제가 제 바람이랑 꿈을 적어오면 만들어줄 수 있어요?"

"그럼, 당연히 만들어주지. 가장 행복한 모습을 하고 있는 사진 두 장

과 네가 바라는 것, 가지고 싶은 것 등을 언니에게 적어서 주면 돼."

성주는 다 만들어진 미라클 라이프를 그림 파일로 전환하여 매장에서 사용하는 컴퓨터 바탕 화면에 띄웠다. 이렇게 하니 업무 중에도 늘 꿈을 볼 수 있어 더더욱 좋다는 생각이 들었다.

체크리스트

　　어제 메모해둔 노트를 보니 미라클 라이프를 만들고 나면 이를 구체적으로 이루기 위한 10가지 실천계획을 수립한 뒤 이것을 가지고 점검하고 그 결과에 따라 반성하라고 적혀 있었다.

　　성주는 미라클 라이프에 나오는 것을 실현하기 위해 지금 자신이 하는 일에 집중하고 최선을 다해야 이를 통해 얻을 수 있다는 확신이 들었다. 구체적인 실천계획 10가지를 노트에 하나씩 적어보았다.

　　성주는 우선 좀더 부지런해야 한다는 생각이 들었다. 비록 아침 기상 시간을 1시간 당겨 7시에 일어나지만 이것도 조금 늦다는 생각이 들었

다. 아침 시간 1시간은 오후 시간의 2~3시간과 같은 효율이 있다는 상현의 말이 생각났다. 성주는 아침 시간을 확보하는 것이 가장 우선일 것 같은 생각이 들어 첫 번째 점검항목으로 적었다.

1. 오늘 아침 6시에 일어났나요?

아침에 일찍 일어나서 하루를 상쾌하게 시작하려면 매일 아침 무언가 마음의 다짐이 필요할 것 같은 생각이 들었다. 상현의 체크리스트에 1번 항목인 "오늘 하루 사랑이 가득한 마음으로 아침을 시작했나요?"가 생각났다. 이와 비슷하지만 좀더 성주만의 것으로 만들어 두 번째 점검항목을 적어보았다.

2. 오늘 하루도 새로운 시작에 대한 기쁨으로 아침을 맞이했나요?

아침에 일찍 일어나고 매일 아침 즐거운 마음으로 하루를 시작하고 나면 그 다음에 해야 할 것은 당연히 지금 하고 있는 운동이었다. 저녁 시간보단 아침 시간에 헬스클럽에 가서 운동하는 것이 낫겠다는 생각이 들었다. 시간을 계산해보니 집에서 헬스클럽까지 빠른 걸음으로 왕복 15~20분 정도 걸리니까 클럽에서 40분 정도 운동하면 딱 1시간을 운동에 투자할 수 있겠다는 계산이 나왔다. 세 번째 점검항목을 적었다.

3. 오늘 아침 1시간 이상 운동했나요?

이제 운동하고 나면 집에 와 식사하고 출근하게 된다. 출근해서 해야 하는 것 중 바람직하고 계속 실천해야 할 것이 무엇인지 생각해보고 노트에 적어보았다.

'고객에게 편지쓰기, 고객에게 안부 전화하기.'

성주는 편지쓰기의 경우 지금 매일 두 통씩 쓰지만 욕심을 내어 한 통을 더 써보기로 했다. 그리고 안부 전화도 매일 두 분 정도에게 하던 것을 세 분에게 하기로 결심했다. 네 번째, 다섯 번째 점검항목을 적었다.

4. 오늘 하루 편지를 세 통 보냈나요?

5. 오늘 하루 3명에게 안부전화를 했나요?

이제 성주는 실제 업무 중에 반드시 해야 할 것이나 지켜야 할 것이 무엇인지 생각해보았다. 무엇보다도 고객에게 잘해야 한다. 그렇기 위해서는 고객을 진심으로 사랑해야 한다. 성주는 여섯 번째 점검항목을 적었다.

6. 오늘 하루 모든 고객을 사랑하는 마음으로 대했나요?

이와 더불어 서비스업의 특성상 항상 웃음이 함께해야 하니 이러한 점을 점검항목에 추가해야겠다는 생각이 들었다. '세상에서 고객과 싸우는 것처럼 어리석은 일이 없다'던 상현이 말이 생각났다. 일곱 번째 점검항목을 적었다.

7. 오늘 하루 웃는 얼굴로 지냈나요?

이제 세 가지가 남았다. 업무를 떠나 가족과 자신을 위한 점검항목이 필요할 것 같았다. 우선 조카들 생각이 나자마자 바로 여덟 번째 점검항목을 적었다.

8. 오는 하루 30분 이상 애들과 대화했나요?

그리고 성주 자신의 성장을 위해 독서가 필요하다는 생각이 들었다. 무엇보다도 여러 손님과 상대하여 대화를 풀어나가자면 대화 소재나 화젯거리가 많아야 한다는 생각이 들었다. 아홉 번째 점검항목을 적었다.

9. 오늘 하루 30분 이상 책을 읽었나요?

이제 마지막이다. 마지막은 하루를 마치고 잠자기 전에 해야 할 일을 적는 것이 좋겠다는 생각이 들었다. 성주는 마지막 점검항목을 적었다.

10. 오늘 하루 최선을 다했고 반성할 것은 반성했나요?

이렇게 10가지를 다 적고 하나씩 다시 읽어보았다. 직접 구체적으로 실천 계획을 세우고 나니 뿌듯했다.

성주는 엑셀 작업을 통해 점검항목을 체크리스트에 넣어 최종 완성했다. 성주는 자기 노트를 꺼내 8월에 있었던 일을 회상하며 점수를 매

겨보았다. 체크리스트에 웃는 얼굴이 아직까지는 많아서 다행이라 생

각했다.

2008년 8월

Miracle Life Check List	Goal	8/1 금	8/2 토	8/3 일	~	8/30	8/31	월 평균
1. 오늘 아침 일찍 6시에 일어 났나요?	270	○	○	○	~			
2. 2. 오늘 하루 새로운 시작에 대한 기쁨으로 아침을 맞이했나요?	270	○	○	○	~			
3. 오늘 아침 40분 이상 운동 했나요 ?	270	○	○	○	~			
4. 오늘 하루 3통의 편지를 고객에게 보냈나요 ?	270	X	X	○	~			
5. 오늘 하루 3명에게 안부전화를 했나요 ?	270	X	X	○	~			
6. 오늘 하루 모든 고객를 사랑하는 마음으로 대했나요?	270	○	○	○	~			
7. 오늘 하루 웃는 얼굴로 지냈나요?	270	○	○	○	~			
8. 오늘 하루 30분 이상 애들과 대화 했나요?	270	X	○	○	~			
9. 오늘 하루 30분 이상 책을 읽었나요?	270	○	○	○	~			
10. 오늘 하루 최선을 다 했고 반성할 것 은 반성했나요 ?	270	○	○	○	~			
	90	70	80	100	~			

(Note)　○　10점　　X　0점

100~90　　70　　50~

80　　60

변화의 즐거움

아침 6시면 어김없이 휴대전화에서 잠을 깨우는 알람이 울렸다. 눈이 쉽게 떠지지 않지만 누워서 잠시 천장을 쳐다보고 있다가 벌떡 일어났다. 거실에서는 애들 씻는 소리, 엄마가 밥 짓는 소리가 경쾌하게 들렸다. 성주는 일어나자마자 거울 앞에 서서 자신을 쳐다보았다. 그리고 자신에게 외쳤다.

"오늘도 정말 멋진 하루가 될 거야!"

이제 성주에게 아침은 마지못해 맞이하는 시간이 아니었다. 성주는 새로운 하루에 대한 기대감으로 매일 아침을 맞이했다.

"진호야! 재훈아! 잘 잤니?"

운동복으로 갈아입고 거실로 나오면서 애들에게 인사했다.

막 화장실에서 씻고 나온 진호가 성주를 보며 인사했다.

"네. 고모! 그런데 요즘 왜 이렇게 부지런하세요. 고모가 갑자기 변하니 적응이 안 돼요. 우리 고모는 늘 주장하는 것이 미녀는 잠꾸러기라고 했는데 고모! 미녀로 남기를 포기했어요?"

"호호! 내가 그랬던가? 하여튼 이렇게 일찍 일어나니 아침에 너희 얼굴 좀더 볼 수 있어 좋다. 어제 모의고사 성적표 보니 점수 많이 올랐던데. 진호야, 잘했어! 너무 무리하지 말고 몸 축나지 않게 컨디션 조절 잘해. 너 '100-1=0' 이라는 식이 무슨 뜻인지 모르지?"

"네. 무슨 뜻이에요."

진호는 난센스 같은 엉뚱한 질문에 호기심 가득한 눈을 하며 물었다.

"그건 백 가지를 다 가지고 있어도 한 가지 건강을 가지고 있지 않으면 아무것도 가지고 있지 않은 거와 같다는 말이야."

"우! 우리 고모 이제 예쁜 것을 떠나 지적 수준도 보통이 아니네. 고모 요새 보니 책 많이 읽던데 나날이 발전하고 있어요. 난 고모가 책 읽는 모습을 거의 10년 만에 보는 것 같아."

"그래, 내가 책을 너무 멀리한 것 같다. 그래도 진호야! 요즘 책을 읽으면서 늦게 읽기 시작한 것이 비록 후회스럽기는 있지만 아직 늦지 않았다고 생각해. 그리고 책을 읽을수록 정말로 책 속에 길이 있다는 생각이 든다. 진호야! 재훈아! 나 운동하러 간다. 밥이랑 맛있게 먹고 학교 잘 갔다 와. 파이팅!"

"네. 고모도 파이팅!"

운동하러 클럽에 가니 상현도 벌써 나와서 여기저기 청소를 하고 있었다. 성주는 상현을 보자마자 반갑게 인사했다.

"상현 씨! 좋은 아침!"

"오! 성주 씨, 좋은 아침! 그런데 이렇게 매일 아침에 보니 더 좋은데요. 좋은 습관이에요. 아침에 운동하면 빼먹지 않고 꾸준히 할 수 있어서 더 좋아요. 성주 씨, 오늘부터는 제가 근력운동 몇 가지 알려드릴 테니 러닝 조금하고 그것도 해보세요. 우리 나이부터는 젊은 애들 못지않게 근력운동이 필요해요."

"네. 그래요."

상현이 알려준 근력운동을 하니 몸 구석구석이 당기는 느낌이 들었다. 돈 들여서 피부 탄력 있게 하는 여자들도 있는데 운동해서 당기는 느낌은 썩 괜찮다는 생각이 들었다. 집에 도착하니 정확히 7시였다. 샤워하고 엄마랑 마주 앉아 식사를 하는데 엄마의 거친 손이 눈에 들어왔다. 여든이 훨씬 넘도록 성주와 애들을 위해 손에 물을 묻히고 사시는 엄마가 고마웠다. 성주는 밥을 먹다가 엄마를 껴안았다.

"엄마! 고마워요!"

"야! 징그럽게 갑자기 왜 그러니? 진호도 아침에 그랬지만 너 참 좋게 변해 가서 좋긴 하지만 혹시 뭐 어디가 아프거나 문제가 있어서 이

러는 것은 아니지?”

엄마는 내심 딸이 갑자기 변한 모습에 혹시 나쁜 병이라도 걸려서 나으려고 발악을 하는 것이 아닌가 걱정스러워 근심 어린 눈으로 쳐다보았다.

“엄마! 저 이렇게 생생하고 아픈 데 없어요. 엄마, 아무 걱정 말아요. 그리고 좀더 멋지게 살고 싶어서 그러는 거예요. 이것이 옛날보다는 보기 좋지 않아?”

“그래, 정말 보기 좋구나. 아무 문제 없다니 이 어미는 아무 걱정 안 한다.”

“네, 그러세요.”

성주는 엄마 볼에 오랜만에 뽀뽀를 했다.

매장에 출근하니 8시 30분. 이제 막내 영숙이보다 성주가 빨리 오는 날이 많아졌다. 성주는 오자마자 편지지를 꺼낸 뒤 수첩을 확인하고 오늘 편지 쓸 고객을 확인했다. 정자동 박 사모님이 내일모레 생일이시고, 영생고 김 선생도 내일모레 결혼기념일이다. 그리고 오랜만에 저번에 환갑을 치르면서 따님들을 보내준 영통 사모님에게 편지를 쓰기로 결정했다.

편지를 쓰는데 영숙이 들어왔다.

“어머! 오늘도 저보다 빨리 오셨네요. 잘 쉬셨어요?”

“응! 좋은 아침!”

　편지를 쓰고 시계를 보니 아침 조회할 시간이 되었다. 영숙과 함께 아침 조회 장소로 가니 오늘은 오랜만에 서 과장이 나와서 조회를 했다. 조회가 끝나고 서 과장이 매니저들에게만 따로 공지할 것이 있으니 남으라고 했다.

　"한 가지 공지해드릴 것이 있습니다. 이제 곧 있으면 8월 말입니다. 약 3개월 전에 공지한 대로 이번 8월 말에 실시할 MD(Merchandising : 머천다이징 – 백화점 내의 상품교체, 매장이동, 매니저변경, 진열변경 등을 말함) 계획을 조만간 알려드리겠습니다. 우선 약간의 변경사항은 원래 이번 MD는 전체의 20%를 대상으로 하려고 했으나 몇 개월 동안 매출신장을 위해 고생한 것을 감안하여 예년과 같이 10%선에서 하기로 했습니다. 단, 이번에 MD는 주로 상품교체와 매니저변경 두 분야에서만 진행할 예정이니 그렇게 알고 계세요."

　성주에게는 뜻밖의 희소식이었다. 최근 매출 신장세 덕분에 MD 대상에는 포함되지 않을 거라는 자신감이 있었지만 서 과장이나 김 부장 때문에 꺼림칙한 부분이 없지 않았는데 10%로 줄어들었다면 확실한 안정권이라는 생각이 들었다. 8월 매출만 보면 현재까지 숙녀복 매장에서 7위를 하고 신장률 또한 시간이 갈수록 커지고 있어 자신이 있었다. 백화점 내 숙녀복 매장 중 6월 36등, 7월 15등, 8월 7등이니 신장세만 이대로 유지된다면 성주가 계절 중 가장 자신 있어 하는 가을에 3위 안에 드는 것도 불가능해 보이지는 않았다.

추락 그리고 히든 카드

서 과장은 조회를 마치고 MD 관련 서류를 준비하여 김 부장에게 보고하러 들어갔다.

"부장님! 8월 말 MD 대상 매장 선정 건 관련 보고서입니다."

김 부장은 서 과장이 준 서류를 자세히 살펴보았다.

"이봐! 저번에 야누스 유나는 처리를 잘해줬어. 조금 예뻐했더니 헤프게 소문이나 내고 다니고 말이야."

"아! 네. 제가 한 게 뭐 있나요? 부장님이 야누스 브랜드 본사에 전화 한 통 넣으니까 일이 일사분란하게 처리되던데요. 그런데 유나 그 애 지금 어디 있는지 아세요?"

"뭐! 별 수 있나. 집에서 땅을 치며 후회하고 있겠지. 있을 때 잘할걸

하고 말이야. 하하하!”

“저도 집에서 쉴 줄 알았는데 저희 백화점 그만두고 일주일 뒤에 용인 신나라 백화점 프루스 브랜드 매니저로 갔더라고요. 저도 어제 우연히 알았어요. 경쟁업체 시찰 좀 해보려고 신나라 백화점에 가서 둘러보는데 그 애가 거기 딱 서 있잖아요. 깜짝 놀랐습니다. 저를 보더니 아주 쌀쌀맞게 굴던데요.”

“그래. 내 얘기는 안 하던가?”

“한마디 딱 하더라고요.”

“뭐라고?”

“인간답게 살라고 하던데요. 그리고 저에게 쪽지를 하나 적어주더니 가면서 읽어보라고 하던데 뭐라 적혀 있었는지 아세요? 참! 기가 막혀서. ‘인과응보(因果應報)’라고 적어두었던데요. 이거 보세요. 참! 말이 안 나와요.”

“괘씸한 년! 잘해 줄 때는 그렇게 헤헤거리더니. 하여튼 계집들은 입도 가볍고 변덕이 심해. 그런데 어떻게 줄이 되어 거기에 갔지? 그 브랜드 같으면 우리도 입점시키려고 했다가 잘 안 된 것인데.”

“이번에 신나라 오픈하면서 국내 브랜드도 명품으로 통하는 것을 집중적으로 유치했다고 하고요. 유나 그 애는 제가 오늘 와서 여기저기 소식통들에게 알아보니 이노스 김성주 씨가 소개해주어서 갔다고 하던데요.”

"김성주! 하여튼 그 애 이름만 들어도 혈압이 오르는데 별 이상한 것으로 또 혈압을 올리는구먼. 이번에 MD 대상에 이노스 들어갔나?"

"이노스의 경우 7월부터 8월까지 갑자기 매출이 아주 좋아져서 최근 3개월 동안 평균 매출 순위가 15등으로 올랐어요. 6월에만 해도 거의 꼴등 근처에서 왔다 갔다 했는데 7, 8월 원체 잘했네요."

"이봐! 성주 그 애는 어떻게 해서든지 내보내. 그런 애들을 오래 데리고 있어봐야 서 과장이나 나나 좋을 게 하나도 없어. 좀 예뻐해주려고 할 때 따르지 않는 것들은 끝이 어떻게 되는지 확실히 보여줘야지 다른 애들도 군기를 잡을 수 있지 않겠어."

"부장님! 그래도 명분이 있어야 어떻게 해보지 매출도 잘 나오는데 내보낼 명분이 썩 없네요."

"참! 답답하기는. 그런 것도 내가 다 알려줘야 하나. 그 애 근태나 CS 모니터링(Customer Satisfaction: 고객만족 모니터링으로 백화점 내 자체 점검 요원이 매장의 서비스 수준을 점검하는 활동), 고객 컴플레인(Complaint: 불만) 점수는 어때?"

"근태 점수는 10점 만점에 8점이고요. CS 점수는 9점 그리고 컴플레인 점수는 10점입니다. 이 정도면 상위권에 있습니다."

"그래? CS 점수는 어차피 우리가 주는 것 아닌가. 컴플레인이야 고객이 거는 거니 어쩔 수 없지만 CS 점수를 최하점 주면 어떻게 되나?"

"연속 세 번 6점 이하 맞으면 매니저 교체 가능하죠."

209

“그럼 CS 점수 바꾸고 그렇게 해! 뭐 자기가 따져봐야 점수가 그렇게 나왔다고 하면 되는 거잖아. CS 담당 팀장이 내가 잘 아는 친구이니 혹시 탈나지 않게 잘 알아서 처리할 테니까 당신은 시키는 대로만 하면 돼. 알았어?”

“그래도! 조금 무리수가 아닌가요? 9점을 6점으로 깎는다는 것이 티가 너무 나는데요.”

“이봐! 티 좀 나면 어때. 우리한테 잘못하면 어떻게 되는지 보여줘야 할 것 아니야! 당신 내 말이 말 같지 않아. 시키면 시키는 대로 해!”

김 부장은 서 과장에게 역정을 내며 소리쳤다.

“네. 알겠습니다. 그럼 다음 주에 그렇게 발표하겠습니다.”

성주는 오늘 매출액을 마감하기 위해 계산했다. 주말이고 가을 상품이 들어와서 그런지 매출액이 420만 원이다. 확실히 가을 옷부터는 옷 소재도 두꺼워지고 단가가 여름옷에 비해 비싸서 그런지 바바리 몇 개에 정장 두 개 세트를 팔았는데 매출액이 올라왔다. 성주는 속으로 ‘이제 됐어’ 라고 소리쳤다. 시간이 갈수록 점점 자신감이 더 생겼다. 퇴근하려는데 이 과장에게서 전화가 왔다. 저녁을 같이 먹자고 해서 성주는 약속장소와 시간을 정하고 나갔다.

이 과장과는 이번이 세 번째 만남이다. 상현과의 모호한 감정이 정리된 성주는 호의를 보이는 이 과장과 개인적으로 만나기 시작했다. 그동

안 사귀자는 남자는 몇 있었지만 마음을 연 것은 첫사랑 이후 이번이 처음이다. 이 과장과는 같은 업종에서 오래 근무해서 그런지 여러모로 많은 부분이 잘 통했다. 특히나 조리 있게 말을 잘하는 이 과장의 말을 듣고 있으면 맞장구만 쳐주다가도 시간의 흐름을 잊곤 했다.

이제 8월도 막바지에 다다랐다. 8월 초에 비가 많이 와서 그런지 오히려 가을의 문턱인 8월 말에 마지막 더위가 맹위를 떨쳤다. 성주는 8월 매출을 결산했다. 7,200만 원이었다. 8월이 앞으로 3일 남았으니 이대로만 간다면 작년에 비해 20% 매출신장이 가능할 것 같았다. 성주는 9월 매출 목표를 세웠다. 작년보다 20% 성장을 목표로 잡아보면 1억 1,000이다. 올 가을 옷 디자인이 괜찮게 나왔고, 지금과 같은 분위기만 계속 유지한다면 충분히 승산이 있었다.

성주는 미라클 라이프 체크리스트를 점검해보았다. 목표 90점은 달성하지 못했지만 그래도 나름대로 열심히 한 모습이 보였다. 점수도 꾸준히 올랐다. 한참 보고 있는데 막내가 전화를 바꾸어주었다. 서 과장이 할 말이 있다며 사무실에서 보자고 했다. 성주는 하던 것을 멈추고 사무실로 올라갔다. 사무실에 가는 길에 에뜨림 박 매니저와 마주쳤다. 박 매니저의 안색이 좋아 보이지 않았다. 성주는 왠지 불길한 느낌을 받았다.

“자! 이리 오세요, 김성주 씨.”

“무슨 일이시죠?”

“거 또 딱딱하게 구네. 내 이름이 ‘무슨 일’인가요? 나만 보면 무슨 일이냐는 말부터 하는지. 자, 군소리 다 치우고 딱 잘라 결론부터 말하 겠습니다. 이번 MD 계획에 이노스의 경우 매니저를 교체하기로 결정 했습니다. 그렇게 알고 준비하세요. 본사에는 저희가 따로 통보할 테니 그렇게 알고요.”

성주는 자신을 교체한다는 말에 순간 머리가 멍해지면서 어찌 할 줄 몰랐다. 성주는 정신을 가다듬고 서 과장에게 물었다.

“제가 교체 대상이 된 이유가 뭐죠? 이건 말이 안 돼요. 제가 매출이 뒤지는 것도 아니고 요새 가장 높은 성장세를 보이고 있는데 이유가 뭔 가요?”

“이유요! 이유야 많죠. 공식적으로 말하는 이유는 CS 모니터링 점수 가 영 형편없어요. 굳이 이번 개편을 떠나 세 번 연속 이렇게 낮은 점수 가 나오면 교체 대상인 것 아시죠?”

“어머! 저 CS 그렇게 잘 못 받지 않았어요. 제가 낮은 점수가 나왔다 는 것이 납득이 안 가요.”

“아니! 그럼 없는 점수를 지어냅니까? 여기 보세요. 성주 씨 매장 점 수가 연속 3번 6점을 받았어요. 이래도 CS를 잘 받았나요?”

성주는 순간 말문이 막힐 뿐이었다. 아무리 생각해도 저렇게 낮은 점

수를 받을 이유가 없었다.

"과장님, 그 점수도 이해가 안 가요. CS 누가 한 건가요?"

"아이! 참. 여보세요. 왜 이렇게 구질구질하게 나오나. 그러니 기회를 줬을 때 잘해야지 비공식적인 이유가 무언지 알기나 알아?"

"그게 뭔데요? 알려주세요."

"그건 잘 생각해봐. 저번에 내가 다리를 놓아주었을 때 잘 했어야지. 기회를 줘도 못하면 어떻게 해. 하여튼 그렇게 알고 가보세요. 교체 날짜를 곧 본사에서 연락할 겁니다."

서 과장과 더 말을 해봐야 나올 것이 없었다. 성주는 얼굴이 새빨개져 사무실을 나왔다. 도저히 이대로 매장에 갈 수 없었다. 성주는 엘리베이터를 타고 백화점 밖으로 나와 무조건 걷기 시작했다.

한참을 걷다 보니 집 앞에까지 왔다. 시계를 보니 오후 4시였다. 성주는 매장에 전화를 걸어 막내에게 몸이 안 좋아서 들어간다고 하고 집으로 갔다. 엄마는 낮잠을 자고 있었다. 성주는 방에 들어가자마자 푹 주저 앉으며 울기 시작했다. 힘없는 자의 비애를 고스란히 느끼며 소리 내지 않기 위해 입술을 깨물고 울었다. 그동안 서 과장이나 김 부장에게 받았던 수모, 파렴치한 행동이 모두 기억 속에 하나씩 떠올랐다.

한참 울다가 지쳐 쓰러져 잠이 들었던 성주는 눈을 떠서 시계를 보았다. 7시를 가리키고 있었다. 일어날 힘조차 없었지만 억지로 일어나 화장대에 앉아 거울에 비친 자신을 쳐다보았다. 많이 울어서 그런지 눈이

많이 부어 있었다. 성주는 화장대 앞에 있는 성주의 '미라클 라이프'를 쳐다보았다. 순간 성주는 무슨 결심이라도 한 듯 핸드백에서 휴대전화를 꺼내 전화번호를 검색했다. 그리고 김 부장 전화번호를 찾아 전화를 걸었다.

"여보세요?"

"안녕하세요? 부장님. 숙녀복 이노스 매니저 김성주입니다."

"김성주! 누구더라. 아! 그래 생각나네. 그런데 내게 무슨 일로 전화를 주었지?"

"부장님 이번 MD 때문에 꼭 할 말이 있습니다. 시간 좀 내주세요."

"나랑 MD랑 무슨 상관이 있다고 나를 보자고 하지? 그런 것은 서 과장하고 의논하세요."

성주는 전화를 끊으려는 김 부장에게 매달리며 말했다.

"부장님! 한 번만 기회를 주세요. 제가 잘못했어요."

"아이고! 이거 왜 이러시나. 뭘 잘못해? 참! 입장 난처하네."

매달리는 성주의 목소리를 들은 김 부장은 갑자기 짜릿한 쾌감을 느낀 듯 음흉한 미소를 지었다.

"부장님! 오늘 시간 좀 내주세요. 제발."

"그래! 그럼 만나서 좀 들어보지. 가만 있어보자. 장소는 충장동 세무서 옆에 도리 일식집이라고 있는데 거기 좋겠는데. 자리가 없을 수 있으니 전화해보고 예약되면 내 휴대전화로 문자 보내고. 8시쯤 괜찮을

것 같아. 그럼 이만."

성주는 114에 전화를 걸어 도리 일식집에 연결했다. 조용한 방으로 예약해두고 김 부장의 휴대전화에 예약되었다는 문자를 보냈다.

"부장님! 8시 도리 일식 집에서 뵙겠습니다."

성주는 우선 욕실에 가서 시원한 물로 샤워했다. 통통 부은 얼굴에 찬물을 뿌렸다. 욕실에서 나온 성주는 옷장에서 빨간색 원피스를 골라 입었다.

성주는 일식집에 7시 50분에 도착하여 기다렸지만 8시 20분이 되어도 김 부장이 오지 않았다. 성주는 왠지 김 부장이 오지 않을 것 같은 불안감이 들었다. 휴대전화로 전화하려는 순간 문이 열리고 김 부장이 들어왔다.

"내가 조금 늦었네. 회의가 늦게 끝나서."

"부장님, 오셨어요. 이리로 앉으세요."

성주는 벌떡 일어나 좌식의자를 김 부장에게 대주며 앉으라고 했다. 성주의 빨간색 원피스의 파인 부분으로 젖살이 살짝 보였다. 순간 김 부장은 무언가 쏠림을 느꼈다.

"그래, 무슨 일로 날 보자고 했지? 아! 이번 MD 때문이라고 했나?"

"부장님, 우선 음식 좀 드시고 천천히 말씀하세요."

곧 있으니 정갈한 음식이 하나 둘씩 들어와 상을 채웠다.

"부장님, 술은 특산주 중에 복분자주 있던데 그걸로 드시겠어요? 그 술 몸에도 좋다고 하던데요."

"그래! 한번 마셔보지."

곧 술이 들어오고 성주는 공손히 술을 따라주었다. 잔을 받고 건배를 했다. 성주는 약간 고개를 돌려 단숨에 한잔 마셨다.

"오늘 술 맛이 좋은데요."

"그래. 나도 괜찮은데. 그런데 나에게 할 말이 뭐지?"

"부장님. 우선 저번에는 제가 정말 큰 실수를 했어요. 혹시 이번 MD가 저번에 부장님과 있었던 일과 연관이 있다면 절 용서해주세요. 제가 그렇게 생각하는 것은 서 과장과 면담할 때 비공식적인 이유가 있다고 하면서 말을 확실히 안 해주어서 이리저리 생각해봐도 그 일밖에 눈밖에 날 일이 없어서요. 매출뿐만 아니라 다른 실적들이 모두 좋은데 CS 점수 때문에 MD 대상이 되었다는 것도 이해가 잘 안 가고요. 다른 것 다 따지지 않겠으니 제발 그날 일은 잊고 용서해주세요."

성주는 애원하듯 김 부장에게 말했다.

"아니, 이거 왜 이래? 이렇게 들이댄다고 되나? 그러니 기회를 줄 때 잘했어야지. 버스 떠난 다음에 손 흔들면 버스가 오나?"

"부장님, 제가 어떻게 하면 부장님 심기가 편해지죠? 저는 이 일을 꼭 해야 해요. 애들도 곧 대학교 들어가고 지금이 중요한 시기예요. 선처 좀 해주세요."

“내 심기를 편하게 해주겠다. 그래! 이봐, 그러니 저번에 나이트에서 가만히 있지 왜 반항하고 생난리를 쳤어. 그 이상한 놈에게 팔이 꺾여서 며칠 고생했잖아.”

“그땐 너무 놀라서 그랬어요. 제가 실수로 잠깐 잠이 든 것 같은데. 이상한 느낌에 갑자기 깨었으니 반사적으로 그럴 수밖에 없었어요. 경솔하게 행동해서 죄송해요.”

“그런데 말이야. 그때랑 지금이랑 이렇게 태도가 다를 수 있나? 이제 쉬운 말로 똥줄이 타 들어가니 물불 가리지 않겠다는 건가? 당신 본심은 그렇게 뉘우치지 않는 것 같아. 그렇지 않나?”

“아니에요. 뉘우치고 있어요.”

“그럼 어떻게 증명을 해봐. 내가 한 가지 제안할 게. 그것을 하면 인정해주지.”

“네. 말씀해주세요.”

김 부장은 버저를 눌러 종업원을 불렀다. 그리고 술을 더 시켰다. 곧바로 술이 들어오자 김 부장은 돌아가는 종업원에게 팁으로 2만 원을 주면서 말을 건넸다.

“여기 긴히 할 말이 있으니 부르기 전에는 음식 더 가져오지 마세요.”

종업원은 무언가 알아차렸다는 듯 김 부장에게 미소를 보이고 나갔다.

“이봐, 성주! 당신이 확실히 뉘우치고 앞으로 잘하겠다고 약속한다면 그 증거로 지금 내 앞에서 옷을 다 벗어봐. 하나도 걸치지 말고.”

성주는 그 말을 듣는 순간 숨이 콱 막혔다.

"하기 싫으면 하지 말고. 이번이 당신에게 마지막 기회야. 어떻게 할 건가?"

성주는 얼굴이 새빨개지면서 고개를 떨구었다. 그러다 결심한 듯 고개를 들면서 말했다.

"할게요."

성주는 자리에서 일어나 의자 옆 공간에 섰다. 몸에 착 달라붙는 빨간색 원피스는 김 부장을 더욱 자극했다. 김 부장은 성주 쪽으로 몸을 향하더니 천천히 술을 마시면서 감상했다.

성주는 허리에 묶여 있는 빨간색 끈을 풀었다. 손을 뒤로 하여 지퍼를 내리고 원피스 옆 라인에 있는 지퍼도 내렸다. 성주는 김 부장을 곧바로 쳐다보며 원피스를 몸에서 내렸다. 하늘하늘한 원피스는 쑥 내려와 바닥에 내려앉았다. 순간 김 부장은 마시던 술잔을 잠깐 놓고 성주의 몸매에 감탄하며 입을 다물지 못했다.

"부장님, 이제 되었나요?"

"응! 마저 다. 몸에 천 쪼가리 하나도 없어야 합격이야."

김 부장은 회심의 미소를 지었다.

성주는 몸을 가리고 있는 조각들을 없애기 시작했다. 성주는 실오라기 하나 걸치지 않은 몸으로 김 부장을 응시했다.

"그래, 이리 와서 술 한잔 따라봐."

성주는 나체로 김 부장에게 가 복분자주를 따라주었다. 김 부장은 완벽한 몸매를 드러낸 성주의 몸을 바로 코 앞에서 주시하면서 술을 받았다. 김 부장의 손이 약간 떨리는 듯했다. 김 부장은 술을 단숨에 쭉 들이마셨다.

"캬! 맛이 기가 막혀. 좋아, 내가 인정하지. 테스트 합격이야."

성주는 방 한구석에서 자신의 몸에 튀겨 흐르는 술을 닦아내고 옷을 하나씩 입기 시작했다. 옷을 입는 동안 흐르는 눈물을 멈출 수 없었다.

옷을 입은 성주는 눈물을 훔치고 자리에 다시 앉았다. 성주는 종업원을 불러 술을 더 시켰다. 그리고 김 부장에게 술을 따라주면서 대화와 식사를 계속했다.

횟집에 도착한 지 세 시간이 흘러 시간은 11시를 넘었다. 김 부장은 술에 취할 대로 취해 이것저것 횡설수설했다. 그동안 여자 후린 내력을 자랑이라도 하듯이 중얼거렸다. 특히 성주에게는 앞으로 자신에게 잘만 하면 백화점에서 최고의 특혜를 주고 대우를 해주겠다고 약속했다. 물론 그것에 대한 대가로 이렇게 가끔 술자리를 마련해주면 된다고 했다. 최근에 있었던 야누스 유나 얘기도 했다. 조금 귀여워해주었더니 입방아를 잘못 놀리고 다녀 단칼에 정리했다고 하며 은근히 성주에게 앞으로 특히 입조심하라고 압력을 넣었다. 성주는 김 부장 앞에서 고분고분 조심하겠다고 대답했다. 자리를 정리하고 횟집을 나왔다.

"부장님! 대리 운전 불렀어요. 타고 들어가세요."

"이봐! 오늘 기분 좋은데 어디 가서 한잔 더 하지? 아직 열두 시도 안 됐는데."

"들어가세요. 저도 늦었어요."

성주는 횟집에 있을 때와 달리 쌀쌀맞게 대꾸했다.

"아니! 왜 그래? 야! 너 나한테 어떻게 해야 한다고 말했지? 벌써 잊었어? 잘리기 싫으면 조용히 따라와."

김 부장은 성주의 팔을 잡고 횟집 옆 골목길로 끌고 갔다. 바로 옆에 모텔이 보였다.

"오늘 나한테 서비스 한 번 잘하면 너 팔자가 피는 거야. 뭐 보여줄 것 다 보여주고 이렇게 빼. 가서 술도 깰 겸 샤워 한번 하고 나오게 따라와."

성주는 손을 뿌리치려고 안간힘을 썼다. 하지만 손아귀 힘이 센 김 부장의 손을 뿌리치기에는 역부족이었다.

"이것 놓으세요. 놔요. 안 놀래. 소리 지를 거야. 놔! 개새끼야."

"이게 또 미쳤나. 조용히 안 해?"

김 부장은 악을 지르는 성주의 얼굴에 손을 날려 뺨을 세게 때렸다.

"야! 좋은 말로 할 때 가만히 따라와. 좋다고 벗을 때는 언제고 이제 와서 딴소리야."

성주는 뺨을 맞자마자 온몸이 굳어버린 것 같았다. 공포에 싸여 아무것도 할 수 없는 상태가 되어버렸다. 김 부장은 성주를 거의 끌다시피

하여 모텔 후문 입구로 갔다. 끌려서 모텔 입구로 막 들어가려는 순간 성주는 마지막 힘을 다해 문을 세차게 밀어버렸다. 김 부장은 팔뚝이 문에 세게 걸리자 비명을 질렀다.

"아! 아이고!"

성주는 그 틈을 타 떨리는 발걸음을 간신히 떼어 반대편으로 뛰었다. 김 부장은 비명을 지르며 팔뚝을 잡고 입구에 구부리고 앉아 있다가 달아나는 성주를 보며 외쳤다.

"너! 이년 어디 두고 보자. 넌 영원히 끝이야."

골목을 나와 성주는 급하게 택시를 탔다. 한참 숨을 몰아 쉬고 말을 못하는 성주를 보고 택시 기사는 어쩔 줄을 몰라 했다.

"헉헉! 일단 출, 발, 하세요."

택시는 이제 김 부장의 사정권을 벗어나 큰 도로를 달렸다. 성주는 오늘 있었던 일을 회상하며 눈물을 삼켰다. 성주는 핸드백을 열어 무언가를 확인했다. 집에 도착하니 긴장이 풀리며 억지로 참고 먹었던 술기운이 갑자기 몰려왔다. 화장실에 가서 오바이트를 했다. 애들과 엄마가 듣지 못하게 소리 내지 않으려 애쓰며 먹었던 모든 것을 토해냈다. 성주는 샤워기를 틀고 옷도 벗지 않은 채 온몸에 물을 끼얹었다.

다음 날 아침 백화점에서는 서 과장이 성주를 찾느라고 매장을 몇 번이나 왔다 갔다 했다. 오늘 아침 갑자기 팔에 붕대를 감고 나타난 김 부

장이 성주를 당장 찾아오라고 노발대발했다. 그리고 당장 이노스 본사에 전화를 걸어 다음 주까지 매니저를 바꾸지 않으면 관련 브랜드 매장을 모두 철수시키겠다고 으름장을 놓았다. 성주의 본사 사장님도 어쩔 줄 모르고 쩔쩔매며 전화를 받았다.

성주는 아침에 일어나자마자 여느 때와 같이 아무 일도 없다는 듯 운동하고 밥을 먹고 집을 나섰다. 성주는 택시를 타고 백화점이 아닌 용인으로 갔다. 용인 신나라 백화점 앞 커피숍에서 성주는 누군가를 기다렸다. 성주는 창 밖에 흘러가는 구름을 쳐다보았다. 매일 매장에 갇혀 지내느라 하늘을 본 게 언제인가 하는 생각이 들었다. 이때 유나가 옆에 남자를 데리고 커피숍에 나타났다.

"유나야! 여기야."

"언니! 제가 조금 늦었죠. 아침에 조회만 서고 온다는 것이 오늘따라 조금 길어졌어요. 참! 언니, 인사하세요. 제 신랑이에요. 여보! 내가 저번에 말한 성주 언니야!"

"안녕하세요. 와이프한테 이야기 많이 들었습니다. 옆에서 잘해주셨다고 들었는데 제가 챙기지 못한 것까지 잘 해주셔서 고맙습니다."

"아니에요. 괜히 바쁘실 텐데 같이 오시라고 해서 미안해요."

"아이고! 아니에요. 와이프가 김 부장에게 당한 일을 솔직히 고백했을 때 피가 거꾸로 솟아 당장 그 새끼 만나서 족치려 했는데 여러 사람 다치니 신중하게 하자고 옆에서 어찌나 말리던지. 하여튼 어떻게 해서

든지 제가 알아서 죄값을 받게 하겠습니다."

"다른 경찰 업무도 바쁘실 텐데 신경 써주셔서 고마워요. 저! 오늘 갑자기 뵙자고 한 것은 일전에 전화 통화했을 때 처벌을 위해 필요하다는 것들을 확보해서 가지고 왔어요."

성주는 우선 서류봉투를 내밀었다.

"이것은 그동안 김 부장에게 피해를 당한 저와 유나를 포함하여 다른 여자분들의 진술서예요. 현재 근무하는 애들은 무슨 일이 있을까 싶어 진술서 쓰는 것을 거부해서 지금 이 일을 그만둔 사람 중에 소문이 났던 이들을 만나서 받아왔어요. 총 여섯 명이 쓴 거예요. 읽어보면 알겠지만 수법이 비슷해요."

유나 신랑은 서류를 받아 쭉 검토해보았다.

"네, 이 정도면 충분히 성희롱 죄로 고소가 가능하겠네요. 결정적인 증거는 제가 보강하여 꼭 콩밥 먹이겠습니다."

"저! 이것 한번 들어보세요."

성주는 가방에서 녹음 테이프를 꺼냈다.

"어제 일부러 김 부장에게 술 먹이며 녹음한 것입니다. 아주 적나라한 사실이 많이 들어 있어요. 이거면 충분할 것 같아요."

"아! 그랬어요. 그럼 됐습니다. 일단, 성희롱 형사고소는 성주 씨가 직접 하는 것보다 제 집사람에게 하라고 하겠습니다. 어차피 여러 사람 진술이 확보되어 있으니 성주 씨는 이제 여기서 빠져서 지켜만 보세요.

그놈이 어떻게 무너지는지. 제가 꼭 처벌받게 하겠습니다."

"그럼 부탁드려요. 그리고 이번 일이 언론 등에 흘러가면 백화점 이미지에 마이너스가 되니 가급적 비공개로 진행하여 주시고 김 부장 개인 차원으로 다루어서 처리해주셨으면 해요. 그리고 백화점 본사에는 저희 입장을 정리한 내용을 건네셔서 비공개로 진행하는 이상 재발방지도 확실히 해달라는 내용도 전달해주시고요."

"무슨 말인지 알겠습니다. 저도 집사람에게 들어서 우려하시는 부분이 무언지 잘 알아요. 걱정하지 마세요. 다른 사람 일도 아니고 집사람과 성주 씨 일인데 제가 피해가지 않도록 잘 마무리하겠습니다."

"네. 그럼 이만 가볼게요. 참! 유나 정말 좋은 여자인 거 아시죠. 평소에 잘 다독거리며 잘해주세요. 그리고 행복하세요."

"고맙습니다. 이번 일을 계기로 저희 부부는 더 좋아진 것 같아요. 잘 살게요."

유나 신랑은 유나의 손을 꼭 잡고 잘살겠다고 다짐했다.

커피숍을 나오면서 시계를 보니 11시 30분이었다. 휴대전화 전원을 켜니 부재중 전화번호가 많이 찍혀 있었다. 그중 본사 이 차장 번호가 찍혀 있어 이 차장에게 전화를 걸었다.

"여보세요. 차장님, 저 성주예요."

"아니, 무슨 일 있어? 아침에 사장님이 불러서 갔더니 너희 쪽 김 부

224

장이 너 당장 자르라고 난리를 쳤다는데 뭐 잘못한 일이라도 있나?"

"차장님! 점심이나 같이하면서 말씀드릴게요. 여기서 택시 타면 1시간 안 걸리니 도착해서 전화할게요. 차장님, 그런데 괜찮으시면 사장님과도 같이 식사하면서 말씀드려도 괜찮을까요?"

"그래. 그럼 내가 사장님 일정이 어떻게 되는지 알아보고 괜찮다면 같이 자리를 마련하지. 사장님도 유난히 널 믿고 있어서 이번에 백화점 측에서 그러는 것이 뭔가 사정이 있는 것 같다는 얘기를 하시더라."

성주가 본사에 도착하기 전 이 차장에게 전화가 왔다. 식사하기 전에 사장실에 들러 얘기 먼저 하고 식사하자고 했다. 성주는 이 차장을 만나 사장실로 갔다. 성주를 본 사장님은 반갑게 맞이했다. 이노스 브랜드로만 7년째 인연을 맺고 있는 성주는 현재 사장님이 이사 시절일 때부터 알고 지냈다. 성주는 사장님과 이 차장에게 그동안 있었던 일을 차근차근 설명했다. 설명을 마친 성주의 눈에서는 눈물이 떨어지기 시작했다. 이 차장이 얼른 손수건을 건네주었다.

"그래. 성주 씨! 그동안 마음고생 많았네. 나쁜 짓을 한 놈들은 그만큼 벌을 받아야지. 앞으로 혹시나 이런 유사한 일이 있으면 미리 좀 본사에 말하고 도움을 청해요."

사장님은 성주를 다독거리며 달랬다.

"이 차장, 백화점 김 부장에게 또 전화 오면 아예 무시하고 끊어버려. 에이, 나쁜 놈!"

점심식사를 마치고 성주는 백화점 매장으로 향했다. 매장에 도착하니 오후 3시였다. 영숙이 성주를 보자마자 쪼르르 달려왔다.

"매니저님, 서 과장님이 찾으러 몇 번 왔다 갔어요. 전화도 몇 번 하고요."

영숙이 말을 마치자마자 서 과장이 매장으로 들어왔다.

"아니! 아무 말도 없이 지금 몇 시인데 이제 나타납니까?"

성주는 대꾸도 하지 않았다.

"나중에 얘기하고 우선 김 부장님에게 가보세요. 어제 무슨 일 있었어? 아침부터 팔에 붕대 감고 와서 당신 찾아오라고 노발대발하던데. 거! 그 사람 성질 건드리지 말고 살랑살랑 옆에서 잘하라고 그렇게 말했건만. 하여튼 내 말 안 듣더니 결국에는 잘리고 말이야. 쯧쯧."

"알았어요. 가볼게요. 그리고 서 과장님, 당신에게 충고 하나 하죠. 당신이나 김 부장이나 참 못됐어요. 드라마의 끝에는 언제나 반전이 있게 마련이에요. 누가 먼지 잘릴지 아무도 모르는 일이거든요."

"뭐야! 이게 그만둔다고 악담을 다 하네. 참! 그래, 앞으로 볼 날도 며칠 안 남았다. 당신 알아서 해."

서 과장은 휙 하고 돌아섰다. 성주가 김 부장에게 가려고 매장을 나서는데 친구 순정이 들어왔다.

"성주야! 너 무슨 일 있니? 서 과장이 오늘 너 찾는 것부터……. 그리고 너도 대상으로 통보받았다고 하던데 정말이야?"

“그래, 그건 맞아.”

“아니. 어떻게 네가 대상이 되니? 지금 매출 순위가 몇 등인데. 말도 안 돼. 그냥 이대로 당하려고?”

“순정아! 너무 걱정하지마. 내게 수가 있어. 곧 알게 될 거야.”

성주는 순정에게 얘기하고 김 부장이 있는 사무실로 올라갔다.

팔에 붕대를 감은 김 부장은 성주를 보자마자 얼굴이 시뻘겋게 달아올랐다. 성주는 김 부장 방에 들어가며 문을 닫았다.

“무슨 일로 저를 찾았지요?”

“무슨 일! 야 너, 이 붕대 안 보여. 완전히 날 가지고 놀아. 이것이 내가 누군 줄 알고 감히 나를 건드려. 넌 끝장이야. 이 바닥에서 아주 영원히 매장시켜줄게. 두고 보라고.”

성주는 쓴웃음을 짓고 김 부장을 똑바로 쳐다보며 말했다.

“이봐요. 누가 끝장인지는 좀 봐야 될 것 같은데. 글쎄, 당신이 아마 이 바닥에서 영원히 퇴출당할 것 같아. 이 변태야!”

“변태! 이게 이제 완전히 막 나가네.”

“넌 변태 맞아. 불쌍한 놈. 미국에 있는 마누라나 애는 너 이러고 다니는 거 알아? 참! 너 같은 놈을 믿고 사는 네 가족이 불쌍하다.”

“뭐야!”

김 부장은 책상에 있는 서류를 성주에게 내던졌다. 서류가 공중에 흩어져 땅바닥에 떨어졌다.

성주는 김 부장을 뚫어져라 응시한 채 바닥에 떨어져 있는 서류를 밟으며 김 부장 자리로 걸어갔다. 그리고 김 부장 앞에 서자마자 김 부장의 뺨을 세차게 때렸다.

성주의 행동에 당황한 김 부장은 얼이 빠진 듯 멍하니 있었다. 사무실 직원들이 밖에서 웅성거리는 소리가 들렸다.

“어제 맞은 것 같은 거야. 변태야! 너 감방 가서는 변태 짓 하지 마라. 거기에는 조폭 애들도 있어서 맞아 죽어.”

성주는 이렇게 말하고 휙 돌아서 김 부장 방을 나섰다. 사무실에 있는 몇몇 직원이 성주를 응시했다. 김 부장은 문을 열고 나오면서 성주의 등 뒤에 대고 지껄였다.

“아주 별별 희한한 애들이 많구면. 넌 끝이야. 알았어!”

매장으로 가는데 성주의 손이 아직도 부들부들 떨렸다. 성주는 세상에 태어나서 처음으로 누군가를 때려봤다. 하지만 그동안 억눌렸던 무언가 뻥 뚫리는 통쾌함을 느꼈다.

이틀 뒤 갑자기 서 과장과 김 부장이 보이지 않았다. 백화점 점장을 포함한 관리직 임원들이 무슨 사태인지 알아보려는 듯 재빨리 움직였다. 백화점 본사 임원들의 갑작스런 방문이 줄을 이었다.

김 부장과 서 과장이 경찰서에 끌려갔다는 소문이 백화점에 퍼져나갔다. 아침 9시에 갑자기 매니저 교육 일정이 잡혔다.

성주는 아침 운동을 하고 출근하여 교육 장소로 갔다. 백화점 점장을

포함한 관리직 임원이 모두 와 있었다. 잠시 있으니 백화점 본사 사장님이 도착했다. 백화점에 근무하면서 사장님을 본 게 몇 번 되지 않는데 이례적으로 이른 아침에 그것도 매니저 교육에 와서 마이크를 잡았다.

"안녕하세요? 김기태 사장입니다. 반갑습니다. 우리 식구들끼리 모였으니 제가 여기 온 이유를 솔직히 말씀드리겠습니다. 최근에 소문을 들어 알고 계신 분들도 있겠지만 이 백화점에 근무하던 관리자 두 분이 부적절한 행동을 하고 다녀 형사 입건되었습니다. 그것도 몇몇 여성에게 향응을 받고 희롱도 한 것이 확인되었습니다. 우선 여러분에게 제가 백화점을 대표하여 진심으로 사과드립니다."

김 사장은 고개를 90도로 꺾어 숙이며 사과의 뜻을 나타냈다.

"다시는 이런 일이 없도록 제가 책임지고 조치하겠습니다. 그리고 그동안 부당하게 대우받은 것에 대해서도 시정하겠습니다. 일차적으로 조치를 해둔 것은 매니저분들이 언제든지 부당한 처사에 대해 사장인 제게 직접 알릴 수 있게 핫라인 홈페이지를 만들었습니다. 특히 직장 내 성희롱이나 차별적 처사가 있을 때 언제든지 신고하시면 24시간 이내에 진위 여부를 확인하고 조치를 취하겠습니다."

김 사장은 최근에 있었던 김 부장과 서 과장의 추태에 대해 용서를 빌고 이번 일을 계기로 좀더 좋은 백화점을 만들겠다고 약속했다.

사장님이 왔다 가고 얼마 되지 않아 백화점에는 대대적인 인사이동이 있었다. 점장이 바뀌고 상당수 실력 있는 직원들의 승진과 자리 바꿈이

있었다. 이번 인사에서 이 과장은 차장으로 진급했고 숙녀복을 추가로 맡게 되었다. 성주는 인사명령을 보고 이 과장에게 전화를 걸었다.

"정섭 씨! 축하해요. 정말 잘됐어요."

"성주 씨, 고마워요. 이거 제가 성주 씨를 도왔어야 하는데 오히려 도움을 받네요. 저번에 그 일은 제가 손쓰기 전에 마무리가 되어서……. 성주 씨! 말은 안 하지만 김 부장이랑 서 과장 처리한 일 성주 씨가 주도한 것 맞죠?"

"정섭 씨 그런 것은 모르는 게 좋아요. 그리고 정섭 씨 날 위해 많이 도와주신 것 잘 알고 있어요. 앞으로도 계속 잘해주면 되잖아요. 그러지 않을 건가요?"

"고마워요. 지금 하신 그 말은 진급했다는 소식을 듣는 것보다 더 좋은데요. '앞으로도 쭉 잘해줘라.' 정말 앞으로 늙을 때까지 쭉 잘해주고 싶어요. 하하하! 저는 사실 성주 씨랑 같이 일하게 된 것이 승진한 것보다 더 좋아요."

이 차장이 숙녀복으로 오고 난 후 관리상 변화가 많이 일어났다. 우선 금번 MD 대상 선정은 무효가 되었으며, 내년 초에 공개적인 평가기준으로 공평하게 다시 진행하기로 결정되었다. 아울러 이 차장이 매장마다 세심하게 배려하고 애로점을 매일 체크한 뒤 해결하기 위해 적극적으로 움직이는 성실성과 꼼꼼함에 모든 매니저가 감탄했다. 이제 대

놓고 이 차장이 이상형이라며 농담 반, 진담 반으로 떠들고 다니는 애들도 꽤 있었다.

이 차장은 매일 매니저들에게 고객 서비스 마인드에 대한 교육을 실시했다. 이 차장이 하는 말을 들으면 상현 씨가 하는 말과 흡사했다. 성주는 9월에 접어들면서 물 만난 고기처럼 바빠 여념이 없었다. 이제 막 내 혼자 데리고 일하기에 벅차서 아르바이트생을 두고 일했다. 이대로라면 정식 직원을 한 명 더 구해야 할 것 같지만 조금 더 두고 보기로 했다.

성주와 이 차장은 일이 끝나면 몰래 데이트를 즐겼다. 누구 눈에 뜨이면 같은 직장에서 곤란할 것 같아 데이트는 주로 차를 타고 드라이브하면서 했다. 차 안에서 둘은 그날 있었던 일을 애기하고 앞으로의 계획에 대해 대화를 나눴다.

"성주 씨, 요즘 매출액 잘 올라가던데요. 이러다가 이번 달에는 1등하겠어요. 그 비결이 뭐예요? 저번에 제가 알려준 것 가지고는 그렇게 하지 못할 것 같고 특별한 방법이 있나요?"

"특별한 방법은, 글쎄요. 하루하루 좋은 꿈을 꾸며 희망을 가지고 사는 것이 비결이라고 할까요. 이제는 앞이 보여요. 그리고 나아갈 길이 보이고요. 어떻게 하면 내가 바라는 것을 얻을 수 있는지 알겠어요. 사실 제게 가장 도움이 된 분은 상현 씨예요. 제게 평소에 몰랐던 소중한 것들을 가르쳐주었으니까요."

"사실 저도 상현 씨에게 도움받은 것이 많습니다. 그 사람 참 좋은 친구예요. 언젠가 내가 성주 씨 때문에 고민이 되어 얘기한 적이 있는데 나에게 그러더라고요. 진심은 통하니 옆에서 조건 없이 순수하게 도와주고 아껴주라고요. 그리고 서두르지 말라는 말도 했어요. 그럼 분명히 성주 씨가 제게 관심을 가질 거라고 하면서요. 그리고 자기도 적극적으로 밀어준다고 했는데……."

"어머! 그랬어요. 어쩐지 정섭 씨 얘기는 다 좋게 하더라. 호호!"

둘이 화기애애하게 얘기하는 사이 차는 도심을 지나 한적한 국도로 향했다. 근처 저수지에 도착한 둘은 차에서 내려 시원한 밤공기를 들이마셨다.

"이렇게 일하고 나서 성주 씨랑 드라이브할 때가 가장 행복해요."

"네. 저도 좋아요."

정섭은 하늘을 보며 별과 대화하듯 말했다.

"성주 씨, 지금 당장은 아니지만 성주 씨 마음이 준비되면 매일 이렇게 일 끝나고 같이했으면 좋겠어요. 그리고 집에도 같이 들어가고요."

정섭은 성주에게 프러포즈를 했다. 성주는 정섭의 말을 듣고 잠시 생각에 잠겨 있다 말했다.

"정섭 씨, 저도 언젠가는 그렇게 하고 싶어요. 하지만 조금만 시간을 주세요. 올해 큰 조카 대학교도 걸려 있고 몇 가지 걸리는 일들이 있어서요. 저에게는 노모도 계시고 몸이 불편한 오빠와 애들이 있어요. 정

섭 씨가 쉽게 접근할 좋은 조건이 제게는 하나도 없어요.”

“성주 씨 사정은 이미 다 알고 있어요. 제가 성주 씨랑 잘 된다면 저는 다 같이 살고 싶어요. 저도 부모님을 일찍 여의고 외아들로 외롭게 자라 가족이 많은 것이 좋아요. 급하게 생각하지 않을 테니 천천히 서로에 대해 더 알아가자고요.”

“네. 제가 하나 약속 드리면 제 마음을 드린 이상 다른 데 한눈 파는 일은 없을 거예요. 절 믿고 지금 하는 일도 더 열심히 잘하셔서 꼭 최고가 되세요. 제 남자라면 언제나 의욕적이고 밝고 긍정적인 사람이기를 바라요. 지금은 정섭 씨가 그 조건을 다 갖춘 것 같지만 너무 방심하지는 말아요. 알았죠?”

“네. 알았어요. 저! 성주 씨…… 사랑해요.”

너무 오랜만에 들어본 사랑한다는 말에 성주의 가슴은 심하게 요동쳤다. 성주는 아무 말없이 정섭의 어깨에 기댔다. 정섭은 그런 성주의 손을 꽉 잡으며 밤하늘에 반짝이는 별을 바라보았다.

진정한 행복의 기회

성주의 매장은 새로 채용한 성주의
친구 경화가 오고부터 분위기가 더 좋아졌다. 하나라도 악착같이 배우
려는 경화에게 성주는 그동안 자신이 배웠던 것을 가르쳤다. 경화는
7~8년의 백화점 경력이 말해주듯 금세 분위기에 익숙해지고 고객 상
대도 곧잘 했다. 성주는 둘도 없는 친구인 경화에게 자신에게 있었던
변화와 그 변화를 있게 해준 모든 것을 그대로 하나씩 자세히 전수하기
시작했다. 경화는 하나도 놓치지 않고 수첩에 적고 자기만의 미라클 라
이프를 만들어 매일 점검하기 시작했다. 이제 경화도 자신 없고 처져
있는 모습이 아닌 당당한 여성으로 늘 자신감이 넘쳤다. 오후에 본사
이 차장이 매장으로 성주를 만나러 왔다. 8층 커피숍에서 차를 마시면

서 이 차장은 심각하게 얘기를 꺼냈다.

"성주 씨, 이번이 정말 좋은 기회인데 잘 생각해봐."

"그러게요. 조건이 좋긴 한데 매장을 시내에 따로 내려면 가게세가 장난이 아니라서요. 아무리 인테리어는 본사에서 지원한다 해도 쉽지 않겠어요. 제게 그렇게 큰돈이 없어서……."

"참! 아깝네. 다른 사람보다 성주 씨가 하면 잘할 텐데. 성주 씨에게도 좋은 일이고. 우리 브랜드가 원래 개별로 매장을 내지 않는데 전국 대도시 5군데에 전문 매장을 추가로 론칭하기로 했거든. 하여튼 생각해보고 만일 길이 있으면 2주 안에 연락해. 하겠다는 경쟁자도 몇몇 있지만 그래도 성주 씨가 한다면 가능성이 가장 높아서 말이야."

"신경 써주셔서 고맙습니다. 저도 욕심은 나는데 한번 알아보고 연락드릴게요."

추가 매장을 패션로드(Fashion road) 중심상가에 낸다는 본사 계획은 성주에게 더할 나위 없는 좋은 기회였다. 이것만 차고 들어가면 지금 받는 수수료를 10%에서 30%까지 올릴 수 있다. 그런데 가게를 얻어야 한다는 것이 걸렸다. 시내에서 가게를 얻으려면 족히 2~3억은 있어야 하는데 성주에게는 그럴만한 여유가 없었다.

매장에 돌아온 성주를 보고 경화가 물었다.

"본사 차장님이 왜 오셨어?"

"아니! 좋은 기회가 있는데 한번 해보지 않겠냐고 하는데 돈이 문제

네. 돈만 되면 하면 좋은데. 시내 중심 패션가에 매장을 오픈하는데 할 생각 없느냐고 하는데 가게는 내가 얻는 조건에 인테리어는 회사에서 해주고. 처음에 가게 얻을 돈만 있으면 권리금이나 보증금은 나중에 받고 나오니 손해 볼 것은 없는데 지금 당장 돈이 없으니 그게 문제야. 에이! 잊자. 괜히 안 될 거 생각해서 뭐 하냐?”

“그러게. 내가 들어도 괜찮은 기회인데 아깝다.”

성주는 오후에 백화점에서 실시할 간담회에 참석하기 위해 나섰다.

“경화야! 나 한두 시간 정도 걸릴 거야. 매장 잘 보고 있어.”

“응. 다녀와.”

이 차장이 주선하는 간담회에 코너별로 대표 매니저들이 다 보였다. 여러 안건이 얘기되었지만 성주는 귀에 잘 들어오지 않았다. 본사 차장님의 제안이 계속 머리를 복잡하게 만들었다. 간담회가 끝나고 돌아가려니 정섭이 성주를 잠깐 불렀다.

“성주 씨, 어디 안 좋으세요? 오늘은 말도 없고 컨디션이 안 좋은 것 같아요. 무슨 일 있나요?”

“아니에요. 정섭 씨. 나중에 말해드릴게요. 그럼 수고하세요.”

성주는 인사를 하고 매장으로 돌아왔다. 매장을 비운 사이 경화는 매상을 150만 원이나 올려놓았다고 자랑했다.

“경화야, 잘했어. 누가 왔다 갔니? 새로운 고객이야?”

“아니! 처음에 너 찾던데 너 없다니까 그냥 온 김에 옷 사신다고 사가

셨어. 나이 드신 한 분과 그분 따님 두 분이 오셨는데 전에 회갑잔치 얘기하면 누군지 안다고 하던데."

"아! 그 사모님 오셨구나."

성주는 얼른 사모님께 전화를 걸었다.

"사모님! 저 성주예요. 왔다 가셨다면서요. 죄송해요. 자리를 비워서요. 건강하시죠?"

"아! 그래. 덕분에 건강해요. 못 봐서 조금 서운한데 다음에는 봐야지. 참! 내일 점심에 시간 되나?"

"네. 무슨 일로?"

"그럼 내일 나랑 점심이나 같이하겠어? 할 얘기도 있고. 내가 내일 차 보낼게."

"어머! 저야 영광이죠. 정말 뵙고 싶어요. 제가 택시 타고 갈게요."

"아이고! 차 보낼 테니 그냥 그것 타고 식당으로 와. 알았지?"

"네. 그럼 내일 뵙겠습니다. 사모님."

성주는 인사를 하고 전화를 끊었다. 점심식사를 하자고 하는 걸 보니 무슨 할 얘기가 있는 것 같은데 무엇인지 감이 잘 오지 않았다.

다음 날 성주는 사모님이 보내준 에쿠스를 타고 한정식집에 도착했다. 시내에 이렇게 좋은 한정식집이 있는지 몰랐다. 안으로 들어가니 딴세상처럼 풀이며 나무가 우거져 마치 작은 숲에 온 것 같았다.

사모님은 벌써 와 자리를 잡으셨다.

"사모님, 안녕하세요. 초대해주셔서 정말 고맙습니다. 여기 정말 좋아요. 밥맛이 절로 나겠는데요."

"그래. 우리 성주 씨 얼마 만에 보나. 본 지 한 달 다 된 것 같네. 그래도 편지 꼬박꼬박 보내줘서 잘 읽고 있어."

"사모님, 답장해주셔서 고마워요. 제가 고객분들께 편지를 쓰지만 답장은 사모님에게 처음 받았어요."

성주의 편지에 사모님은 친필로 답장을 써서 보냈다. 이러다 보니 일주일에 한 통씩은 편지를 주고받았다.

"저기, 오늘 내가 여기로 오라고 한 것은 다른 게 아니고 어제 내가 매장에 들렀을 때 성주 친구라고 하는 경화 씨인가에게 듣자 하니 좋은 제안을 받았는데 조건이 안 맞아서 못하고 있다며."

"네. 그 얘기를 사모님께 했어요? 참 애는. 그거 다 잊었어요. 제가 할 일이 아닌 것 같아요. 그냥 지금 하는 일에 충실하려고요."

"아이고! 젊은 사람이 그렇게 욕심이 없어서 되나. 기회가 오면 어떻게 해서든 잡아야지."

"사모님! 잡고는 싶은데 뭐가 있어야죠. 저라고 잡고 싶지 않겠어요. 하지만 안 될 것 가지고 고민하면 손해라는 생각이 들어서요."

"그래. 그렇게 얘기하니 성주 말이 맞기도 해. 내가 성주를 좀 도와주고 싶은데 어떤가?"

"절 도와주신다고요? 아니에요, 사모님! 그게 한두 푼으로 될 일도
아니고 제게는 단위가 너무 커요. 설사 돈을 어디서 융통한다고 해도
이자나 부대 비용 생각하면 주저되고요."

"이렇게 하면 어때. 내가 시내 중심 패션가에 건물이 몇 개 있어요.
어제 그 말을 듣고 관리인에게 알아보니 마침 좋은 자리가 하나 있다고
하던데 그곳에 들어가서 해보지 않겠어? 단, 공짜가 아니라 조건은 있
고……."

성주는 사모님의 말에 입에 침이 마르기 시작했다.

"사모님! 그런데 제가 그런 것을 받을 자격이 되나요? 조건을 떠나서
제게는 너무 과분한 제안이세요."

"그래? 일단 내가 조건을 말해주지. 그 매장이 권리금과 보증금으로
약 2억 5,000 정도 하네. 평수는 60평이고. 그런데 이상하게 자리는 그
만큼 좋은 곳이 없는데 들어오는 매장마다 1년을 못 버티고 나가서 나
도 참 고민이야. 그래서 말인데 내가 보기에는 성주 씨가 한다면 뭔가
다를 것 같아. 내 조건은 보증금이나 권리금 이런 것 하나도 받지 않겠
어. 단, 월세만 적정선에서 내고 한번 해보지 않겠어?"

"사모님! 정말이오? 진심인가요?"

"그래! 정말이야. 그리고 내가 성주 씨에게 추가로 바라는 것이 하나
있어."

"사모님! 그게 뭔데요. 말씀해주세요."

“응…… 앞으로 친딸처럼 날 어머니로 생각하고 대해주면 안 되겠나? 물론 성주 씨 어머니도 살아 계시지만 나를 제2의 엄마로 생각해줄 수 있나? 성주라면 그렇게 해줄 수 있을 것 같아서…….”

“사모님, 그런 부탁 하지 않으셔도 지금도 어머니처럼 생각하고 있어요. 하지만 정말 고마우신 선물인데 제가 사모님 기대만큼 잘할 수 있을까요?”

“이봐! 난 이래 봬도 사람 보는 눈은 있어. 성주 씨가 가서 하면 분명히 잘할 수 있어. 여기 오기 전에 나도 고민 많이 하고 결정한 거예요. 그리고 성주 씨! 난 성주 씨를 보고 내 친딸들을 잘못 키웠다는 생각을 많이 했어. 내 딸들이나 며느리들이나 내 재산을 보고 잘은 하지만 진심이 담겨 있지 않아. 성주 씨처럼 말이야. 성주 씨는 늘 진심을 담아 고객을 상대하고 또 나를 대하기 때문에 이런 행운은 성주 씨가 노력한 결과라고 생각해. 내 제안을 받아줄 거지? 내가 이렇게 부탁할게. 그리고 정 그러면 장사 잘해서 보증금이랑은 나중에 챙겨주면 되지. 성주, 너에게 베풀 만해서 그러는 거니 부담 갖지 마.”

성주는 고개를 숙이며 사모님 손을 꼭 잡았다.

“사모님, 정말 고맙습니다. 제가 친어머니처럼 잘할게요. 그리고 이 은혜 꼭 갚을게요.”

사모님은 성주의 등을 두들겨주며 껴안았다.

성주는 매장을 오픈하기로 결정한 뒤 하루가 언제 지나가는지 모르

게 지냈다. 우선 백화점 매장은 경화에게 매니저 자리를 넘겨주기로 했
다. 경력이 조금 모자란 부분이 있었지만 성주의 적극적인 추천에 본사
에서도 오케이를 했다. 오픈하기 전까지 상현과 정섭은 틈나는 대로 성
주를 도와주었다.

드디어 성주의 매장이 문을 여는 날, 오픈 행사가 대대적으로 열렸
다. 본사에서는 이번 매장 오픈이 백화점이 아닌 시내 패션 거리에 처
음 스타트를 끊는 것이라 각별히 신경을 써서 행사를 진행했다.

본사 사장님을 비롯하여 임원들, 상현과 정섭, 친구인 순정, 경화, 성
주의 오빠와 조카 진호, 재훈이 그리고 어머니, 성주의 또 한 분의 어머
니 모두 함께 성주의 발전을 위해 기념 커팅을 했다.

성주는 애들에게 상현과 정섭을 소개했다. 넷은 금세 친해져서 마치
사촌형과 동생처럼 재미있게 놀았다.

행사를 마친 후 손님이 모두 돌아가고 성주는 매장에 혼자 앉아 옛일
을 회상했다. 지금까지 달려온 일들이 하나 둘 스쳐 지나갔다.

매장을 나서려다 행사 때 상현이 준 쪽지가 생각나 펼쳐보았다.

성주는 쪽지에 적힌 글을 읽고 환하게 미소 지었다.

진정한 행복의 기회, 나눔의 기쁨

성주 씨!

진정한 삶의 자유와 행복은 얻은 만큼 나누어줄 때 누릴 수 있습니다. 나누면 나눌수록 더 많은 것을 얻을 수 있습니다. 나 자신을 먼저 생각하기보다는 함께하는 사람들을 먼저 생각하고 그분들에게 도움과 행복을 주는 분이 되도록 하세요. 그럼 평생토록 행복해질 수 있습니다.

기적을 이루는 삶은 준비하는 사람에게만 주어지는 특권입니다.

– 당신의 영원한 친구 상현

인생의 기회를 얻기 위한 다섯 스텝(Step)

스텝 1 : 준비된 기회를 위한 시작 – 몸과 마음의 건강

100−1 = 0 "백 가지를 다 가지고 있어도 단 한 가지 몸과 마음의 건강을 가지고 있지 않으면 아무것도 없는 것과 같다."

스텝 2 : 기회를 얻기 위한 조건 – 행복 추구

삶의 목표를 '행복 추구'라는 큰 울타리에 두자. 지금 생각하고 행동하고 말하는 모든 것이 행복을 얻기 위한 작은 밀알이 되고 씨앗이 되어야 한다.

스텝 3 : 기회를 주는 소중한 사람 – 고객

고객 한 분 한 분이 모두 소중한 사람이므로 마치 연인을 사랑하듯 진심 어린 마음으로 사랑해야 한다.

스텝 4 : 기회를 통한 변화 – 미라클 라이프

간절히 원하라, 만나라 그리고 미라클 라이프 사이클을 돌려라. 계획하고 실행하고 점검하고 개선하자.

스텝 5 : 진정한 행복의 기회 – 나눔의 기쁨

진정한 삶의 자유와 행복은 얻은 만큼 나누어줄 때 누릴 수 있다.

1% 생각의 차이에서 나오는 결과, 기회

"NO PAIN, NO GAIN(고통이 없으면 얻는 것도 없다)"이라는 말이 있습니다. 필자는 이 속담을 "YES CHANGE, YES GAIN(변화하면 얻을 수 있다)"이라고 바꾸어 가슴속에 담고 살아갑니다. 흔히 말하는 전형적인 콩글리시 표현이지만 NO와 PAIN이라는 단어가 연상하는 부정적 이미지가 싫어서 나름대로 이렇게 바꾸어 삶의 중요한 지침으로 삼고 있습니다.

행복한 삶의 열쇠에는 변화를 뜻하는 CHANGE를 포함한 세 가지 C가 존재합니다. 과연 무엇일까요?

이 세 가지 C를 여러분에게 전하고 싶어 이 책을 기획하게 되었습니다. 그것을 순서대로 말하면 다음과 같습니다.

CHANGE(변화) → CHANCE(기회) → CHOICE(선택)

사람은 태어나는 환경과 조건이 모두 다릅니다. 가난한 집에서 태어난 사람, 부잣집에서 태어난 사람…….

자신의 의도와는 무관하게 주어지는 이러한 배경은 바꿀 수 없습니다. 가난하게 태어났는데 갑자기 부자 아들이 될 수는 없죠.

하지만 주어진 배경과 상관 없이 행복과 성공을 얻을 기회는 누구에게나 공평하게 주어진다고 생각합니다. 삶의 과정에서 변화와 기회 그리고 선택을 어떻게 하느냐에 따라 행복과 성공이 주어질 수도, 달아날 수도 있습니다.

이 책에서는 전반적으로 깔려 있는 원인과 결과의 법칙(인과법칙)을 통해 변화의 중요성을 강조했습니다. 주인공 성주가 변화하지 않았으면 삶에서 긍정적이고 실질적인 결과가 발생했을까요?

너무 뻔한 이론이지만 이를 가슴 깊이 느끼는 사람은 그렇게 많지 않은 것 같습니다. 여러분! 지금보다 나은 인생을 원한다면 지금 이 순간 바로 변화해야 합니다. 무엇이든지 한번 바꾸어보세요. 변화는 그렇게 어려운 것에 있지 않습니다.

내일부터 30분 일찍 일어난다든지, 살을 뺀다든지, 매일 책을 읽는다든지 등 변화를 줄 수 있는 요소는 주변에 많습니다.

변화하면 어떤 현상이 일어날까요?

변화의 양에 비례하여 기회가 찾아옵니다.

변화의 즐거움이 있는 이유는 변화와 기회의 공식이 바로 적용되기 때문인데, 변화 양에 비례해 기회도 훨씬 많이 생긴다는 것입니다.

이제 변화를 통해 수많은 기회를 접할 것이며 여기서 여러분에게 선택의 문제가 주어집니다. 인생은 어떻게 보면 수많은 선택의 연속이라고 할 수 있습니다. 작은 선택부터 큰 선택에 이르기까지 많은 선택이 기다리고 있습니다.

기회가 왔어도 그것을 감지하지 못하거나 잡지 못하고 주저하다 놓치는 경우도 많습니다.

모든 일에는 시기와 때가 있다는 말이 괜히 나온 것이 아닙니다. 지금 선택하는 것과 나중에 선택하는 것은 별 차이가 없어 보이지만 그 차이 때문에 결과는 하늘과 땅만큼 큰 차이가 나니까요.

마지막에 '기적을 이루는 삶이란 준비된 자에게 주어지는 특권이다'라고 한 것은 결국 변화를 통해 기회를 감지하고 그 기회가 왔을 때 놓치지 말고 꽉 잡으라는 말입니다.

어느 누구나 성공했다고 말하는 국내 1, 2위를 다투는 대기업 사장단

이 술자리를 같이할 때 그들이 마지막 잔을 마시면서 뭐라고 건배하는지 아십니까?

적게는 40대 중반에서 많게는 50~60대인 사장님들이 아주 큰 목소리로 이렇게 외칩니다.

"기회를 잡자."

신혁

중앙경제평론사
중앙 생 활 사

Joongang Economy Publishing Co./Joongang Life Publishing Co.

중앙경제평론사는 앞서가는 오늘, 보다 나은 내일이라는 신념 아래 설립된 경제 · 경영서 전문 출판사로 성공을 꿈꾸는 직장인, 경영인에게 전문지식과 자기계발의 지혜를 주는 책을 발간하고 있습니다.

기 회 : 꿈이 있는 당신께 드리는 선물

초판 1쇄 인쇄 | 2009년 1월 10일
초판 1쇄 발행 | 2009년 1월 15일

지은이 | 신혁(Hyeok Shin)
펴낸이 | 최점옥(Jeomog Choi)
펴낸곳 | 중앙경제평론사(Joongang Economy Publishing Co.)

대　표 | 김용주
편　집 | 한옥수 · 최진호
기　획 | 박기현 · 박종운
디자인 | 신경선 · 김선영
마케팅 | 김치성
관　리 | 이세희
인터넷 | 김회승

출력 | 국제피알　종이 | 서울지류유통　인쇄 · 제본 | 신흥P&P

잘못된 책은 바꾸어 드립니다.
가격은 표지 뒷면에 있습니다.
ISBN 978-89-6054-049-1(03320)

등록 | 1991년 4월 10일 제2-1153호
주소 | ㉾100-789 서울시 중구 왕십리길 160(신당5동 171) 도로교통공단 신관 4층
전화 | (02)2253-4463(代) 팩스 | (02)2253-7988
홈페이지 | www.japub.co.kr 이메일 | japub@naver.com | japub21@empal.com
♣ 중앙경제평론사는 중앙생활사와 자매회사입니다.

▶ **홈페이지에서 구입하시면 많은 혜택이 있습니다.**

중앙
북샵
www.japub.co.kr
전화주문 : 02) 2253 - 4463

※ 이 도서의 **국립중앙도서관 출판시도서목록(CIP)**은 e-CIP 홈페이지(www.nl.go.kr/cip.php)에서
이용하실 수 있습니다.(CIP제어번호: CIP2008003694)